特色专业背景下土地资源管理专业建设与发展研究

——以海南大学为例

栾乔林 熊昌盛 谷秀兰 著

中国原子能出版社

图书在版编目(CIP)数据

特色专业背景下土地资源管理专业建设与发展研究：以海南大学为例 / 栾乔林，熊昌盛，谷秀兰著. --北京：中国原子能出版社，2020. 3

ISBN 978-7-5221-0510-9

Ⅰ. ①特… Ⅱ. ①栾… ②熊… ③谷… Ⅲ. ①地方高校—土地资源—资源管理—学科建设—研究—海口 Ⅳ. ①F301. 2

中国版本图书馆 CIP 数据核字(2020)第 055723 号

内 容 简 介

本书以特色专业作为研究背景，介绍了高校特色专业研究和国内外土地资源管理学科高等教育发展现状，探究了土地资源管理科学的学科内涵，并对国内外土地资源管理学科高等教育发展及研究特征进行了分析。以土地资源管理省级特色专业为例，对特色专业背景下土地资源管理专业人才培养方案、教学计划以及教学模式进行了优化设计，结合大学生特色科研活动，对海南大学土地资源管理专业毕业生就业情况进行了分析，最后提出了特色专业背景下海南大学土地资源管理专业人才培养方案和教学计划。

特色专业背景下土地资源管理专业建设与发展研究：以海南大学为例

出版发行　中国原子能出版社(北京市海淀区阜成路 43 号　100048)
责任编辑　张　琳
责任校对　冯莲凤
印　　刷　北京亚吉飞数码科技有限公司
经　　销　全国新华书店
开　　本　787mm×1092mm　1/16
印　　张　14. 25
字　　数　185 千字
版　　次　2021 年 3 月第 1 版　2021 年 3 月第 1 次印刷
书　　号　ISBN 978-7-5221-0510-9　　定　价　70. 00 元

网址：http://www. aep. com. cn　　E-mail：atomep123@126. com
发行电话：010－68452845

前　言

地者，国之基也，政之本也。中国历代杰出的统治者莫不以治理土地为第一要务，土地成了治国的首要因素，成了统治阶级施政的重要工具。土地也是人类赖以生存和发展的物质基础，是民生之本，发展之基，公平所系，财富之源。但是在当前土地资源日益稀缺的形势下，土地问题成为近几年我国农民上访的主要因素。因此土地教育、科研和管理工作者有责任和义务通过土地问题的研究，减缓或解决土地开发、利用、建设、保护等活动中出现的各种社会矛盾，以及在土地占有、使用、收益、处分等过程中发生的各种土地问题，实现资源的公正分配，促进社会的可持续发展。而研究土地资源和培养土地资源管理专业人才的高校，肩负着专业人才培养的历史使命。

近年来，中央财政先后支持实施了“985工程”“211工程”“双一流”以及支持地方高校发展专项资金等项目，高等教育规模快速发展，为我国经济社会的快速、健康和可持续发展以及高等教育自身的改革发展做出了巨大贡献。但是，高等教育质量还不能完全适应经济社会发展的需要，不少高校的专业设置和结构不尽合理，学生的实践能力和创新精神亟待加强，教师队伍整体素质亟待提高，人才培养模式、教学内容和方法需要进一步转变。切实把高等教育的发展重点放在提高质量上已成为高等教育和社会各界人士的共识。把特色专业建设作为推进教学改革、促进教育创新、提高人才培养质量的重要切入点，使特色专业建设成为新世纪高等教育为支撑我国建设创新型国家和人力资源强国的战略需求。为此，我国于2010年已完成了“高等学校教学质量与教学改革工程”第一轮建设，许多本科院校已立项并建设了大批国家级、省级、校级特色专业建设点。以特色专业建设为地方高校发展的突破口，已经成为共识。正如原教育部部长周济所指出的："高等学校的发展，特色就是战斗力，特色就是竞争力，要'异'峰突起，出'奇'制胜，要在'异'和'奇'上做文章。"

土地资源管理专业是国家教育部控制布点专业，海南大学也是海南省高校中唯一开设土地资源管理专业的高校。海南大学土地资源管理专业 2010 年被批准为海南省省级特色专业，2018 年获公共管理一级学科硕士点，2019 年正式招收土地资源管理专业硕士研究生。经过近十年特色专业的建设和发展，在巩固学科主体领域、发挥学科优势的前提下，通过加强土地资源管理与其他相关学科的交叉、渗透，专业划分为土地整治与规划方向、房地产经营管理方向和土地资源信息方向。逐步形成了海南大学土地资源管理专业用自然科学方法，走社会科学道路，"工管结合"的学科定位。

海南是我国唯一的热带海岛，也是全国陆地面积最小的省份，土地资源数量有限，耕地后备资源并不十分充裕。土地资源是中国（海南）自由贸易试验区建设的基础，如何科学、合理、综合、高效利用有限的土地资源，建设国家生态文明试验区，牢固树立和践行绿水青山就是金山银山的理念，坚持生态立省、环境优先，在保护中发展，在发展中保护，统筹城乡、优化资源配置和发展布局，走经济与环境协调、生态良好、可持续发展之路已成为建设中国（海南）自由贸易试验区的战略选择。根据中国（海南）自由贸易试验区热带海岛的区域特点，因此，本书将针对中国（海南）自由贸易试验区的战略定位，结合海南的区位和资源优势，在特色专业背景下，充分分析土地资源管理专业多学科支撑特色和优势的基础上，继续深入研究，继承创新，并着眼于人才培养的全过程，以专业建设为主线，集课程结构重组、教学内容、教学方法、教学手段、师资队伍以及教学管理等系统研究，探索、实践和总结出土地资源管理专业教学改革与发展研究的整体方案，对培养出适应海南国民经济建设发展和科学技术进步需要的、德智体全面发展的、具有创新精神、宽知识、厚基础、强能力、高素质的高级土地资源管理专业的专门人才具有重要的现实意义。

本书以特色专业作为研究背景，介绍了高校特色专业研究和国内外土地资源管理学科高等教育发展现状，探究了土地资源管理科学的学科内涵，并对国内外土地资源管理学科高等教育发展及研究特征进行了分析。以土地资源管理省级特色专业为例，对特色专业背景下土地资源管理专业人才培养方案、教学计划以及教学模式进行了优化设计，结合大学生特色科研活动，对海南大学土地资源管理专业毕业生就业情况进行了分析，最后提出了特色专业背景下海南大学土地资源管理专业人才培养方案和教学计划。

本书由八章构成。

第 1 章，绪论。主要内容包括研究的背景和研究意义，高校特色专业研究现状，土地资源管理科学的学科性质、学科体系、研究对象、研究目标与任务等学科内涵。

第 2 章，国内外土地资源管理学科高等教育发展现状。主要内容包括国外土地资源管理教育和科学研究现状，对我国土地资源管理学科高等教育发展历史、学科建设发展现状、土地资源管理学科高校分布情况和各高校土地资源管理学科特色进行了归纳，最后对国内外土地资源管理学科高等教育发展及研究特征进行了分析。

第 3 章，海南大学土地资源管理专业发展现状及学科建设历程。主要归纳介绍了特色专业背景下海南大学土地资源管理专业学科发展现状、师资队伍现状和实验室发展现状，海南大学土地资源管理专业学科建设历程等。

第 4 章，特色专业背景下土地资源管理专业人才培养方案的优化设计。主要以海南大学为例，系统介绍了人才培养方案的指导思想、基本要求和课程体系等指导意见，根据确定的土地资源管理专业人才培养目标进行人才培养规格的优化设计。

第 5 章，特色专业背景下土地资源管理专业教学计划的优化设计。主要以海南大学为例，系统介绍了教学计划优化的指导思想、教学计划优化设计的原则，以 2017 年海南大学土地资源管理专业的教学计划为基准，与武汉大学、浙江大学等著名高校进行横向比较分析，从课程学分、课程内容和实践教学方面进行设计优化。最后从公共管理大类招生前后课程对比进行纵向优化。

第 6 章，特色专业背景下土地资源管理专业教学模式的优化设计。系统介绍了教学模式的特点、分类，教学模式优化的理论基础，教学模式优化设计的原则、步骤，传统的土地资源管理专业课程教学模式以及存在的问题，最后对土地资源管理专业课程教学模式进行优化设计。

第 7 章，大学生特色科研实践活动。首先对能力本位的人才培养教育理念进行了概述，介绍了大学生参与科研活动的措施，对海南大学土地资源管理专业举办的“海南大学测绘技能大赛”“海南省高校自然资源课题研究论文大赛”和“调研海南”等特色科研实践活动进行了介绍，最后对大学生参与特色科研活动的经验进行了总结。

第 8 章，海南大学土地资源管理专业毕业生就业分析。首先对 2017—2019 届海南大学土地资源管理专业毕业生总数、签约率、就业率、升学人数等就业指标进行统计分析，并对毕业生签订就业形式就业、签订劳动合同形式就业、其他录用形式就业、升学等去向进行统计分析，最后对毕业生就业单位性质以及继续深造情况进行分析。

附录部分。附录是关于制订 2019 级本科专业培养方案的指导性意见(海大教〔2019〕45 号)，2019 级公共管理类本科培养方案(土地资源管理专业)和公共管理类 2019 级教学计划表(土地资源管理专业)。

本书由栾乔林负责撰写大纲、统稿、修改和定稿，前言、第 1 章至第 6 章由栾乔林执笔，第 7 章由谷秀兰执笔，第 8 章和附录由熊昌盛执笔。

栾乔林

2019 年 12 月 28 日

目　　录

1 绪 论

1.1 研究背景与研究意义

1.1.1 研究背景

土地是人类赖以生存和发展的物质基础，是民生之本，发展之基，公平所系，财富之源（张统生，2009）。地者，国之基也，政之本也。中国的历代杰出统治者莫不以治理土地为第一要务，土地成了治国的首要因素，成了统治阶级施政的重要工具。中国共产党一直把解决不同历史条件下的土地问题作为党领导人民实现战略目标的关键。通过土地革命，成功开辟了农村包围城市，武装夺取政权的道路，取得了新民主主义革命的胜利；通过土地改革，巩固了新生的革命政权；通过土地家庭联产承包责任制，推进了农村的改革开放的经济的快速发展。但是在当前土地资源日益稀缺的形势下，土地问题成为近几年我国农民上访的主要因素。因此土地工作者有责任和义务通过土地问题的研究，减缓或解决土地开发、利用、建设、保护等活动中出现的各种社会矛盾，以及在土地占有、使用、收益、处分等过程中发生的各种土地问题，实现资源的公正分配，促进社会的可持续发展[①]。

---

① 吴次芳等．土地社会学[M]．杭州：浙江人民出版社，2013：13.

土地资源的稀缺和冲突历来是经济社会增长和社会发展中的核心问题，对土地资源的争夺始终是历代许多战争的主旋律，也是推动社会变革的重要力量。中印边界问题、中日关于钓鱼岛的争端问题、南海问题、巴以纷争、韩日岛屿之争、第一次世界大战、第二次世界大战等无不是由于土地的归属而起[①]。

随着我国城市化、工业化进程的不断的加快，社会发展对土地的需求量不断增加。土地作为一种稀缺资源，其有效供给与不断增加的需求之间的矛盾日趋恶化。人多地少的基本国情决定了土地问题始终是我国现代化建设进程中一个带有全局性、根本性、战略性的重大问题。十分珍惜、合理利用土地和切实保护耕地已成为我国的基本国策。当前，我国从国家的粮食安全、经济安全、生态安全和社会稳定等角度确定了18亿亩耕地红线，并实行最严格的耕地保护制度和最严格的节约集约利用土地制度（栾乔林，2013）。土地资源的有限性已成为人类可持续发展中的关键问题之一。研究土地的根本目的就是有效地利用土地，因此，土地利用是土地问题的核心。而研究和培养管理土地资源的专业人才的高校，肩负着培养土地资源管理专业人才的历史使命。

我国的高等教育经历了解放初期的快速发展，"文革"时期的停滞，1977年的恢复发展，1999年的高考扩招，招生规模已由1977年的27万扩大到1998年的108万，实际录取率也由1977年的4.74%上升为1998年的33.75%；高考扩招后，招生规模由1999年的160万扩大到2018年的791万，实际录取率由1999年的55.56%跃升到2018年的81.13%。2018年的招生规模是1977年的29.29倍，1998年的7.32倍。2018年的实际录取率是1977年的17.11倍，1998年的2.40倍。

---

① 栾乔林等．海南国际旅游岛背景下土地资源可持续利用的生态安全评价[M]．北京：中国原子能出版社，2014：12.

表 1-1 我国历年高考报名人数和实际录取率

时间(年)	参加高考人数(万)	实际录取人数(万)	实际录取率(%)
1950		5.8	
1951		5.2	
1952	7.3	6.64	90.96
1953	9.0	7.0	77.78
1954	13.4	9.38	70.00
1955	17.7	9.8	55.37
1956	35.0	18.5	52.86
1957	25.2	10.5	41.67
1958		26.5	
1959	33.3	27.0	81.08
1960		32.0	
1961	21.4	16.9	78.85
1962	44.0	10.7	24.32
1963	53.1	13.5	25.42
1964	44.9	15.0	33.41
1965		16.4	
1966～1969	停止招生		
1970		9.0	
1971			
1972		13.0	
1973		15.3	
1974		16.5	
1975		19.0	
1976		21.7	
1977	570	27	4.74
1978	610	40.2	6.59
1979	468	28	5.98

续表

时间(年)	参加高考人数(万)	实际录取人数(万)	实际录取率(%)
1980	333	28	8.41
1981	259	28	10.81
1982	187	32	17.11
1983	167	39	23.35
1984	164	48	29.27
1985	176	62	35.23
1986	191	57	29.84
1987	228	62	27.19
1988	272	67	24.63
1989	266	60	22.56
1990	283	61	21.55
1991	296	62	20.95
1992	303	75	24.75
1993	286	98	34.27
1994	251	90	35.86
1995	253	93	36.76
1996	241	97	40.25
1997	278	100	35.97
1998	320	108	33.75
1999	288	160	55.56
2000	375	221	58.93
2001	454	268	59.03
2002	510	320	62.75
2003	613	382	62.32
2004	729	447	61.32
2005	877	504	57.47
2006	950	546	57.47
2007	1010	566	56.04

续表

时间(年)	参加高考人数(万)	实际录取人数(万)	实际录取率(%)
2008	1050	599	57.05
2009	1020	629	61.67
2010	946	657	69.45
2011	933	675	72.35
2012	915	685	74.86
2013	912	694	76.10
2014	939	698	74.33
2015	942	700	74.31
2016	940	705	75.00
2017	940	700	74.47
2018	975	791	81.13
2019	1031	约 835	约 81.07

数据来源:全国教育事业发展统计公报

由于顺应了改革开放四十年的伟大变革,适应先进生产力的发展要求,符合先进文化的前进方向,体现和维护了最广大人民群众的根本利益,我国的高等教育实现了跨越式发展,高等教育规模先后超过了俄罗斯、印度和美国,居世界第一位,进入国际公认的高等教育大众化阶段,创造了高等教育史上发展的奇迹(栾乔林,2014)。

近年来,中央财政先后支持实施了“985 工程”“211 工程”“双一流”以及支持地方高校发展专项资金等项目,高等教育规模快速发展,质量有了较大的提高,为我国经济社会的快速、健康和可持续发展以及高等教育自身的改革发展做出了巨大贡献。但是,高等教育质量还不能完全适应经济社会发展的需要,不少高校的专业设置和结构不尽合理,学生的实践能力和创新精神亟待加强,教师队伍整体素质亟待提高,人才培养模式、教学内容和方法需要进一步转变。培养合格的社会公民及高素质人才是高等教育的重要使命,要完成这一使命,就要不断提高高等教育的质量,使其适应社会发展的更新要求。为了切实把高等教育的重点放在提高教育质量上，教育部及财政部于2007年联合发布了《关于实施高等学校本科教学质量与教学改革工程的意见》，2012年教育部又下发《关于全面提高高等教育质量的若干意见》。为全面贯彻落实科学发展观，切实把高等教育重点放在提高质量上，经报国务院同意，教育部、财政部决定实施"高等学校本科教学质量与教学改革工程"(以下简称质量工程)。以提高高等学校本科教学质量为目标，以推进改革和实现优质资源共享为手段，按照"分类指导、鼓励特色、重在改革"的原则，优化专业结构，加强内涵建设，改革人才培养模式，形成一批引领改革的示范性专业，提升我国高等教育的质量和整体实力[①]。

质量工程指出：要根据科学技术发展的特点，紧密结合我国高等教育实际，研究建立适应国家经济与社会发展需要的本科专业设置和调整制度，制订指导性专业规范，构建专业设置预测机制，定期发布各类专业人才的规模变化和供求情况，为高校优化专业布局和调整人才培养结构提供指导。大力加强本科专业建设，按照优势突出、特色鲜明、新兴交叉、社会急需的原则，择优选择和重点建设3000个左右特色专业点，引导各级各类高等学校发挥自身优势，努力办出特色。要大力培育优势明显、特色鲜明的本科专业，加大建设力度，逐步形成专业品牌和特色。

当前，"切实把高等教育的发展重点放在提高质量上"已成为高等教育和社会各界人士的共识(李元元，2008)。提高质量是我国高等教育发展的核心任务，是建设高等教育强国的基本要求，是实现建设人力资源强国和创新型国家战略目标的关键。把特色专业建设作为推进教学改革、促进教育创新、提高人才培养质量的重要切入点，使特色专业建设成为新世纪高等教育为支撑我

---

① 教育部财政部关于实施高等学校本科教学质量与教学改革工程的意见[R]. 教高[2007]1号，2007年1月.

国建设创新型国家和人力资源强国的战略需求[①]。我国于 2010 年已完成了“高等学校教学质量与教学改革工程”第一轮建设。许多本科院校已立项并建设了大批国家级、省级、校级特色专业建设点。

当前我国高等教育大众化的步伐正在向前推进，随着高等教育的大众化，高等教育结构也在不断调整，各级各类高校为了生存和发展，都在努力寻找适合自身生存和发展的空间，以此发挥各自的优势，在高校之间提升自身的竞争力。在各级各类高校之中，地方高校正在发挥着它的作用，它不仅为研究型大学培养进一步深造的高级人才，还为地方输送着急需的应用型人才，它已经成为我国高等教育的重要组成部分。然而，地方高校在办学条件和资源优势方面与教育部直属院校相比，却面临着生源质量总体偏低、教育资源短缺、生态环境不利等一系列问题，特别是办学思想理念缺乏特色、长期规划不到位、顶层设计滞后，存在着盲目效仿国内一流高校，定位在“全国一流”上，这些现实问题造成了地方高校对自身的定位不明晰、导致了同质化严重等现象。因此，地方高校特色发展研究十分紧迫，地方高校特色发展首要是特色专业建设，因为它不仅有助于地方高校办出特色，同时还能结合学校实际，发挥优势，满足地方经济社会发展的多样化需求。以特色专业建设为地方高校发展的突破口，应成为我们的共识。正如原教育部部长周济所指出的：“高等学校的发展，特色就是战斗力，特色就是竞争力，要‘异’峰突起，出‘奇’制胜，要在‘异’和‘奇’上做文章。”

特色专业建设是大学教育的重要内容，要想在众多高校中获得优势与竞争力，地方高校必须寻求特色专业建设的有效路径，提升质量。2010 年国家根据教育发展的需要颁布并试行的《国家中长期教育改革和发展规划纲要(2010—2020 年)》中明确指出，要保障高等教育科学发展，全面提高高等教育质量，要求到 2020

---

① 教育部、财政部关于“十二五”期间实施“高等学校本科教学质量与教学改革工程”的意见[R]. 教高[2011]6 号，2011 年 8 月 .

年使我国的高等教育在不同层次和领域特色更加鲜明。政策文件不仅为地方高校的办学特色指明了方向,也让特色专业建设成为一个迫切研究的问题。

1.1.2 研究意义

特色专业建设是高等教育的关键所在,一个专业能够发挥已有优势来培育高素质人才,是我国高等教育的一个重要命题。对于地方高校而言,在综合实力不强的情况下,能够拥有一个或几个在学术地位和社会声誉上具有较高影响力的特色专业,那么学校的知名度就会明显提高。因此,特色专业建设被地方高校视为办出特色、提高知名度的核心内容。

高质量的特色专业建设有利于地方高校吸引生源。高等院校在争取优质生源的过程中竞争不断加剧,特色专业是考生了解高校的一个重要信息资源。因此,特色专业建设就成为地方高校办学特色的关键。因此,地方高校要树立较强的特色意识,以特色获得声誉,吸引高质量的生源,获得更好的生存和发展空间。特色专业建设对地方高校自身发展具有促进作用。高校为适应经济、社会发展的需要,满足用人单位的需求,不断地提高教学质量,同时在建设特色专业时,需要一系列的辅助条件,这就能够在很大程度上推动师资和相关配套设施的改善和加强,这对地方高校的自身发展起到推动作用。特色专业建设有利于地方高校毕业生就业。特色专业在课程体系、基础设施提供上具有自己的独特性和不可替代性,使学生能够接触到相关专业的最新成果,及时适应市场需求,使其毕业生具有更强的自信心和自豪感,在就业竞争中处于领先地位,因此,特色专业建设能极大地提高毕业生的竞争力,从而成为地方高校提升竞争力的重要途径。

特色专业建设有利于促进高校专业结构与社会岗位平衡,能够优化特色专业所在院校的专业结构,促进其他高校进行专业结构调整。在我们国家,高校专业的设置一直集权在教育部,高校要增设或更换专业需要教育主管部门严格审批,专业的招生人数也是受到严格控制的。这在某种程度上保证了高校的规范性和稳定性，但同时也扼杀了高校主动适应社会的积极性。专业教育是高校教育的本质，而高校无法在严格的控制下根据市场需求和产业结构变化进行专业设置。高校毕业生也无法适应市场需要，直接导致用人单位招不到专业对口人才、毕业生就业难的尴尬局面。地方高校需要合理地进行特色专业设置。高校必须充分地了解市场对人才需求情况和地区经济的发展情况之后对专业进行适当调整。地方高校必须以特色专业建设为契机，根据市场对人才需求的状况去合理调整专业结构，使其适应社会。特色专业建设有利于扩大对外宣传平台。在市场的有力促进下，增进考生对高校的了解。高校的特色专业是考生了解高校的一个信息源。高校的特色专业的教学质量也在一定程度上代表了该校的学术地位。在信息化高度发达的社会，考生对专业和学校的选择也越来越谨慎。民众会主动地去了解一些院校的相关信息，对一些专业进行考察分析，此时就充分体现出特色专业的价值，特色专业便成了考生评价高校优劣的平台。特色专业建设有利于教育市场激活及垄断局面的打破。特色专业并不是名牌高校的专利，普通高校同样可以进行特色专业建设，任何一所高校都可以根据自身的条件，充分发挥自身的优势，打造属于自己的特色专业，这样才能实现可持续发展，参与教育市场的竞争。通过竞争手段去除计划经济给高等教育带来的种种弊病，通过不同高校特色专业之间的竞争来激活教育市场，打破垄断局面。

自从有了土地利用以来，就产生了对人类赖以生存的土地资源的管理，但不同的历史时期，不同的生产方式下，土地资源管理的内涵和外延存在很大的差异。土地资源管理作为一门科学并被加以研究则是近代的事情。20 世纪 60 年代以来人类面临人口增长、粮食短缺、能源不足、资源枯竭和环境污染五大问题，土地资源的可持续利用、社会经济的可持续发展成人们关注的焦点；相应地土地资源管理学迅猛发展，与其他相关学科的交叉、渗透也日益广泛；逐步发展形成为现代土地资源管理学。当今科学技术迅猛发展，经济竞争、人才竞争日趋激烈，教育在促进社会全面发展中的战略地位更加突出，这些都对高等学校的人才培养工作产生深刻影响，并提出了新的要求和挑战。随着科学技术综合化、整体化趋势的加强，人文和科技相互渗透、融合的趋势加速，特别是社会主义市场经济的建立和我国国土资源事业的不断发展，土地制度深入改革和土地资源管理信息化、工程化、规范化的推进以及国家地理信息基础设施的建设，社会对土地资源管理人才需求的多样性和适应性不断增强，急需大量的土地资源管理的专门高级人才。土地资源管理专业作为一个多学科支撑特征非常显著的专业，它的建设与发展必须跟踪科学技术发展前沿，构建出适应时代发展需要的土地资源管理专业的人才培养模式，才能顺应时代发展的潮流。

当前，人多地少的基本国情决定了土地问题始终是我国现代化建设进程中一个带有全局性、根本性、战略性的重大问题。随着工业化、城市化和信息化进程加快，社会经济进入快速发展阶段，因此对土地的需求进一步加大，导致人地之间的矛盾日渐突出，尤以土地利用结构不合理、土地利用效率低下、土地利用质量下降、土地资源承载力降低、土地生态风险加剧等问题最为明显（Liu*et al.*，2003；Ruelland*et al.*，2010；倪绍祥，刘彦随等，1999；蔡运龙等，2001；彭建，2017；刘纪远等，2018）。随着国内外众多专家学者对土地利用管理研究的深入，将景观生态理论、土地资源管理理论、区域经济学理论和GIS空间分析等理论技术应用到土地管理、土地利用规划等领域，且与生态安全格局相结合，并从定量计算和分析评价角度进行土地利用优化配置，开展了如不同尺度不同区域土地利用空间分布、土地利用动态变化过程、引起土地利用变化的诸多驱动因素，土地利用变化与生态、环境、气候、人类行为等自然、社会经济要素之间的相互关系等，已经积累了大量关于土地利用方面的数据资料和研究成果，对丰富和深化土地利用研究的理论体系，系统研究土地利用空间布局优化方法，解决土地利用在数量上、质量上和空间上的合理配置，具有一定的理论意义，但如何将上述研究成果转化为生产力，进而为区域土地利用结构优化、土地资源科学利用提供决策依据，尚需要进一步深入研究。

海南是我国唯一的热带海岛，也是全国陆地面积最小的省份，土地资源数量有限，耕地后备资源并不十分充裕。2018 年 4 月 13 日，习近平总书记在庆祝海南建省办经济特区 30 周年大会上郑重宣布，党中央决定支持海南全岛建设自由贸易试验区。赋予海南经济特区改革开放新的使命，是习近平总书记亲自谋划、亲自部署、亲自推动的重大国家战略。建设中国（海南）自由贸易试验区是党中央、国务院着眼于国际国内发展大局，深入研究、统筹考虑、科学谋划作出的重大决策，也是继 1988 年建省办经济特区、2010 年海南国际旅游岛建设上升为国家战略之后，海南发展史上又一件具有里程碑意义的大事。根据中国（海南）自由贸易试验区热带海岛的区域特点，建设国家生态文明试验区，牢固树立和践行绿水青山就是金山银山的理念，坚持生态立省、环境优先，在保护中发展，在发展中保护，统筹城乡、优化资源配置和发展布局，走经济与环境协调、生态良好、可持续发展之路已成为建设中国（海南）自由贸易试验区的战略选择。土地资源是中国（海南）自由贸易试验区建设的基础，在我国经济发展进入新常态和中国（海南）自由贸易试验区建设的背景下，在生态文明建设、可持续发展等新理念下，如何科学、合理、综合、高效利用有限的土地资源，制定科学的土地利用优化方案，打破传统的土地管理、行业管理和社会经济各部门的分配制度，通过制定科学合理、尊重客观事实的土地利用政策，促进土地资源高效、可持续发展，已成为当前学界和政界共同面临的课题和迫切需要解决的问题。

因此，本研究将针对中国（海南）自由贸易试验区的战略定位，结合海南的区位和资源优势，在特色专业背景下，充分分析土地资源管理专业多学科支撑特色和优势的基础上，继续深入研究，继承创新，并着眼于人才培养的全过程，以专业建设为主线，集课程结构重组、教学内容、教学方法、教学手段、师资队伍以及教学管理等系统研究，探索、实践和总结出土地资源管理专业教学改革与发展研究的整体方案。对如何培养出适应海南国民经济建设发展和科学技术进步需要的、德智体全面发展的、具有创新精神、宽知识、厚基础、强能力、高素质的高级土地资源管理专业的专门人才开展探索研究，其研究成果和实施对建设与我国国情相适应、与海南省经济建设发展需要和科学技术进步相适应的高质量土地资源管理专门人才的培养基地，对土地资源管理专业进行教学改革与发展研究具有重要意义，对加速培养海南大学21世纪土地资源管理合格人才具有重要的现实意义。

1.2 高校特色专业研究现状

专业是学校培养人才和教育结构的基本单元。专业教学质量与发展水平的高低可直接通过不同层次的人才培养的质量和专业的科研成果与水平来综合反映。一个专业的科研成果与教学水平，不但能反映出该专业为社会做出的贡献大小，而且也能体现该专业学术水平的高低。科研与教学水平的评价除了科研与教学成果本身水平外，还应着重于科研与教学的结合上。土地资源管理专业是一个多学科支撑特征非常显著的专业，它的建设与发展必须跟踪科学技术发展前沿，构建出适应时代发展需要的土地资源管理专业的人才培养模式，对土地资源管理专业的教学改革与发展具有指导意义。

专业建设对高校未来的发展具有极端重要性。专业建设是高校进行知识创造、人才培养和社会服务的基本工作单元和工作载体，是高校建设发展的龙头和基础，也是队伍建设、人才培养、科学研究、社会服务等各项工作可持续发展的载体和保障。专业建设的状况也最能反映一所学校的办学水平、办学特色、学术地位和核心竞争力。建设高水平大学归根结底要从专业抓起。抓好专业建设，也就抓住了学校建设发展的根本，就能带动和统领高校全局工作。专业建设既是教学质量保证的基础工作，也是具有战略竞争意义的核心工作。尤其将特色理念融入到高校专业建设之中,已成为高校办出特色的重要途径,强调特色专业建设已是一种常见的观点。关于高校特色专业建设研究现状概括如下:

1.2.1 关于特色和特色专业建设内容的研究

牛国庆认为:高等学校的专业特色具有特色概念的基本特征,是高等学校的专业点在一定的办学思想的指导下,经过长期的办学实践而逐步形成的、相对稳定持久的、独特优质的发展方式。它反映在人才培养目标、人才培养模式、人才培养方案、师资队伍素质、硬件设施等专业建设的主要要素上,最终通过人才培养质量体现。因此,高等学校的特色专业可以概括为:充分体现学校办学定位,在教育目标、师资队伍、课程体系、教学条件和培养质量等方面,具有较高的办学水平和鲜明的办学特色,获得社会认同并有较高社会声誉的专业。特色专业是经过长期建设形成的,是学校办学优势和办学特色的集中体现。廖明认为建设特色专业的理论来源是差异化竞争战略理论。企业竞争理论认为,由于市场需求存在差异性,企业取得持久的竞争优势的途径之一是采取差异化战略,即生产或提供与竞争对手有所差异的产品或服务,实行“错位经营”,以避免正面的竞争,即所谓“最高明的竞争是避免竞争”。借鉴企业差异化战略理论,特色专业应是专业的某一方面或某些方面不仅与众不同,而且还要优于自身的其他方面和其他院校该专业的相同方面。刘彬让总结了“特色”包含的五个内容:独特性、统一性、先进性、科学性、稳定性。还指出要突出人才培养,在优秀师资队伍建设的过程中要重视突出名师的作用,注重教学质量快速提高,要不断进行精品课的培育,以此来优化课程结构,提升专业的内涵,突出特色。李琳琳认为:特色专业中的特色要突出专业建设理念、教学内容、教学手段、人才的培养模式等,使培养的学生具有独立性、个性、较高的专业能力,更重要的是要体现“人文素质”。张婕总结了对全国 87 位大学领导者的问卷调查,对高校特色专业建设进行了研究,基于实证调查的数据,给出了评估特色专业质量的四大标准:要有优势的学科作为支撑、在专业方面要具备不可替代性、与社会对人才的需求上有很高的契合度、在国内外有较强的影响力。王保华针对大众化时代背景下高校特色专业建设的结论与建议为:大众化时代,高等学校应提供精细化和个性化的教学;高校质量文化建设,特色专业建设任重道远;同时政府在制度建设和行政干预上要双管齐下。

1.2.2 关于地方高校特色专业及质量保障的研究

孙霞指出地方高校与部属院校相比,在生存和发展中存在着很多劣势;特色策略成为地方高校增强自身竞争力的关键。因此特色专业建设要遵循以下六项原则:需求导向原则;与时俱进原则;各具特色原则;成熟稳健原则;系统科学原则;针对服务原则。顾永安指出了新建本科院校专业设置的五大原则:按需设置原则;效益优先原则;可行性原则;特色发展原则;前瞻性原则。彭旭提出应建立新建本科院校“专业退出机制”,并指出几个关键着力点:转变观念,全面认识建立专业退出机制的意义;有序退出,多渠道合理安置退出专业的师资;科学评价,建立有效的专业退出评估机制。王艳艳强调“制定出科学的高校特色办学模式”。同时指出:在高等教育大众化的现实社会,地方高校要认识到培养应用型人才是其正确的理念所在。因此,高校在特色专业建设的过程中要注重实验、实训基地的建设,让学生的基础知识学习更加夯实、综合素质能力更加全面,在走向社会之后能够运用自身的知识技能储备快速适应社会,拥有较强的社会生活能力。倪丽梅结合丽水学院实际,详细地阐述了特色专业的内涵、原则和主要内容等几个方面。并针对地方高校特色专业建设过程中存在的问题提出了相应的对策:首先,强力实施“人才强校”战略;其次,完善评价质量监控机制;最后,积极争取经费,加大教学投入。陈少斌强调要对以往的课程体系进行重新审视,根据培养目标和实际需要，依据产业发展和行业企业岗位职业能力标准所涵养的知识、技能和职业素养要求组合出必要的适当的课程。陈少斌指出目前我国《普通高校特色专业建设点评审指标》不分高校类别和学科类别，并且量化程度不高，不利于高等院校的评审。有研究者建议出台不同类别的高校和不同专业的特色专业建设评价指标，且尽可能实现量化，以引导不同高校和不同专业的特色专业建设。设立特色专业的淘汰和退出机制，规定特色专业的称号有一定的期限，不是终身制的，超过期限应重新进行考核，不合条件的专业单位应予以淘汰。张捷指出要建立特色专业建设的过程监督机制，教育主管部门可以制定特色专业质量排名表，定期向社会公布特色专业建设点的建设成效和评价结果并进行排名，以加强社会监督，督促学校努力提高特色专业的办学水平。学校可以成立特色专业指导机构，负责监控与评估特色专业建设和运行中出现的问题，提出改进的建议并监督落实。建设一支专家型的教学监控队伍并建立科学合理的教学质量评估方法和教师的教学质量考核制度与考核办法，切实加强对特色专业教学过程的监控。

综上所述，不同的专家、学者对特色专业建设进行了不同视角的研究，提出了各自的观点，这些成果对于本书的研究有着重要的参考价值和借鉴意义。特别是在高等教育大众化的当今，专业建设走“特色”之路已成为高校发展的一种战略选择。对于地方高校，特色专业建设更是其生存发展的关键所在。本书希望在借鉴以上研究成果的基础上，利用地方高校的优势，探索出最适合地方高校特色专业建设和发展的途径与方法，以期对地方高校在特色专业建设领域起到指导的作用。

1.3 土地资源管理科学的学科内涵

学科是科学知识体系的分类，是科学知识发展的历史结果，同时也是当代科学知识保存和发展的单元(朱新涛，2003)。学科的建设与发展与人类社会的发展对科学知识的需求紧密相关。我国自20世纪八十年代开始系统地开展土地科学学科建设工作,其后在30年来取得了重要进展(林坚,2017;李元,2001;冯广京,2016)。土地科学的学科内涵涉及土地科学的研究对象、性质、研究内容以及学科体系等。

1.3.1 土地资源管理科学的研究对象

土地资源管理是研究土地的利用及其形成、演化和管理活动的科学,是一门关于土地利用和管理的知识体系。土地科学的研究对象是什么?多年来许多学者对此发表了自己的看法和见解,归纳起来有:土地科学的研究对象是土地、土地利用、土地管理、土地利用与管理、作为生产资料的土地、作为自然经济复合体的土地、人与土地的关系、人地复合系统、土地问题的整体、土地问题和土地生态经济复合系统等。土地资源管理科学的研究对象在具体表述上存在着差异。土地科学是把土地作为一个自然—经济复合体的特殊矛盾,来研究它的运动和发展规律(何永祺,1990)。土地科学是研究土地利用与土地管理、协调人地关系、解决人地矛盾的科学(许牧、陈瓦黎,1990)。土地科学是以自然历史综合体和土地关系高度的结合体为研究对象的一门综合性学科(王家樑,1990)。土地科学是以研究自然、社会经济复合体的土地自身的形成以及土地的使用与社会、经济、技术相互关系的发展规律的科学(胡星池,1990)。土地科学是以土地问题整体(土地、土地利用和土地管理)为研究对象,探索、认识和运用有关土地、土地利用、土地管理客观规律的理论与方法的知识体系(尤文郁,1991)。土地科学是以人地复合系统为特定的研究对象,从协调人地关系角度研究土地利用的综合性科学(王万茂,1991)。土地科学是研究土地特性、土地利用和土地关系的一门新兴学科(林增杰,1990)。上述关于土地科学的研究对象的表述中,较多学者认为研究对象是自然—经济复合体的土地,研究的领域涵盖土地资源、土地利用和土地管理。

土地科学的研究对象尽管表述不一，但均认为土地是土地科学研究对象的核心（汤惠君，于正林，2003；陆红生，韩桐魁，2002）。由于土地资源管理科学服务于人类社会发展，因此，其研究对象可简单地概括为土地资源利用与管理，但它是在人类与土地的交互作用而产生的人地复合系统中，以土地利用过程中人地复合系统的演变与其制约的社会、经济、技术因素之间的关系作为研究的特殊矛盾，因此其主体是从协调人地关系的角度，综合运用行政、经济、法律、技术方法，为提高土地利用生态、经济、社会效益，维护在社会中占统治地位的土地所有制，调整土地关系，监督土地利用，而进行的计划、组织、协调和控制等综合性活动，研究土地利用和保护的合理组织，故人类与土地的交互作用而产生的人地关系成为土地科学的研究重点。因此，土地科学的研究对象应包括土地或土地系统以及人地关系，其中土地或土地系统主要指作为自然资源的土地系统，人地关系包括土地资产、土地利用、土地管理等（陈龙高等，2019）。

1.3.2 土地资源管理科学的研究目标与任务

土地资源管理的特殊研究对象决定了它不仅是解决土地资源及其利用某一个别方面或因素的提高和发展，而是建立在对土地资源及其利用和保护所有因素包括有形和无形因素全面分析的基础上，以协调土地关系、监督土地利用为关键、以管理决策为核心的整体性科学。其总体目标可概括为：根据一定社会经济和生态环境的要求，最大限度地提高整个国家土地资源利用的综合效益，实现土地资源利用的可持续发展，为整个社会经济的可持续发展奠定基础；如何培养具有现代管理学、经济学及资源学的基本理论，掌握土地管理方面的基础知识，具有测量、地籍制图、规划估价、计算机与地理信息系统等基本技能，能在国土、城建、房地产、信息、城建以及相关领域从事地籍管理与地理信息系统、资产评估、城乡规划及土地管理政策法规工作的高级专门人才。

在总体目标的指导下，其主要任务可分解为：一是从现状和远景的角度，为全国生产力的发展与布局而合理配置土地资源；二是在国民经济各部门、土地使用单位和各类用地之间，在时空上合理地分配和再分配土地资源；三是合理利用和保护农用地尤其是耕地，不断提高其质量和生产力；四是保护良好的生态环境，实施土地资源的持续合理利用；五是明晰土地产权，不断完善土地关系，为建立健康、合理的土地资产市场服务（陈龙高等，2019）。

基于土地资源管理科学的研究对象，可以归纳出土地资源管理科学的研究内容应主要涵盖以下领域：

(1)土地或土地系统：这包括作为自然资源的土地或土地系统的基本内涵、性质、系统结构与功能；

(2)土地资产：土地资产的内涵、特征，土地资产评价理论与方法；

(3)土地利用：即人类在利用土地提供产品和服务时的理论与方法，及土地利用技术等；

(4)土地管理：作为自然历史综合体的土地在利用保护中的相关管理理论与方法、产权理论、管理技术等。

1.3.3 土地资源管理科学的学科性质

土地资源管理科学的研究对象包括土地资源及人地关系，土地资源的内涵和人地关系研究的内容决定了土地资源管理科学的学科性质主要包括以下方面：

(1)系统综合性。土地资源的概念是建立在系统论基础上的，土地资源的自然历史综合体概念决定了土地资源管理科学的系统综合性。土地资源管理科学的系统综合性在土地资源管理科学的研究内容中得到充分的体现。

(2)时空维度的动态性。土地资源管理科学时空维度的动态性主要指土地资源管理科学的历史性及空间尺度性特征。首先，作为土地系统而言，其稳定的系统结构和功能是相对静态的，而变化是绝对的，特别是当土地系统经过较长时间的演化或突变时，就会呈现出较大差异或出现完全不同的系统结构与功能，如区域内土地利用结构的剧烈变化会引起土地系统的生态环境功能的剧烈变化；其次，从土地资源的范畴来看，人类研究土地资源的范围主要依赖于对土地资源的探测和利用范围，随着科技水平的不断发展和产品与服务需求的不断增加，土地资源的范畴也呈现出动态扩展的特色，土地资源管理科学研究对象的范畴也相应地拓展；第三，人类利用土地资源既利用土地的生产功能，又利用土地的区位功能，此外在不同空间尺度下，土地系统呈现的结构特征与功能不同，故具有明显的空间尺度特征。因此，土地资源管理科学具有鲜明的时空维度动态性特征。

(3)区域性。土地资源作为一种自然综合体是多种自然因素长期相互利用的产物，在地球表面具有独特的空间分布格局。土地系统的构成与演化受制于区域地带性因素和非地带性因素。此外，人类社会的区域性特征也会强烈地影响土地系统。从而促使不同区域的土地系统具有不同的土地类型数量与空间组合特征，其主导功能也具有明显的地域性特点。土地资源管理科学重点研究土地资源(土地系统)以及人地关系，不可避免地带有地域性特点。这也表明，区域性的土地资源管理科学研究成果不能简单机械地复制到其他区域。如中国在借鉴国外的土地利用与管理制度时，需根据中国自身的土地与社会特点进行改造后引用，否则易产生消极的影响。

1.3.4 土地资源管理科学的学科体系

土地资源管理科学是一个关于土地知识的学科体系，由于土地既有自然属性又有社会属性，既有生产力方面问题又有生产关系方面的问题，所以，把土地作为自然经济复合体来进行研究的土地资源管理科学，显然具有自然科学和社会科学的交叉科学性质。有的学者认为侧重于社会科学性质的交叉科学，有的学者认为侧重自然科学性质的交叉科学。但一致认为土地科学学科体系中分支学科，容许具有不同的科学属性，有的明显属于自然科学，有的明显属于社会科学，有的介于两者之间。这正反映了土地资源管理科学的边缘性和交叉性。多数学者认为土地资源管理科学是由自然科学、社会科学和技术科学体系中研究土地和土地利用的众多学科组成的学科群体,因此土地资源管理学科具有自然科学和社会科学的双重属性。

学科体系是学科建设的外在表现,在长期的生产实践和学科研究过程中,土地资源管理科学的学科体系大致分为土地基础学科与应用学科两部分。土地基础学科研究土地科学领域内的基础性理论体系,包括土地资源学、土地经济学、土地法学等。土地应用学科研究人类利用土地的相关理论技术与方法体系,包括土地信息学、土地利用学、土地管理学等;土地信息学包括土地调查、土地测量、土地信息技术等;土地利用学包括土地利用规划、土地综合整治规划、土地保护等;土地管理学包括土地资源管理、地籍管理、土地利用管理、房地产经营管理等;土地评价学包括土地资源评价与土地资产评估等。

关于土地资源管理科学的学科体系,目前存在一些不同的见解,但土地资源管理学科总体上可归纳为:土地资源学、土地经济学、土地利用与管理学、土地信息学、土地法学,其层次结构如图 1-1 所示:

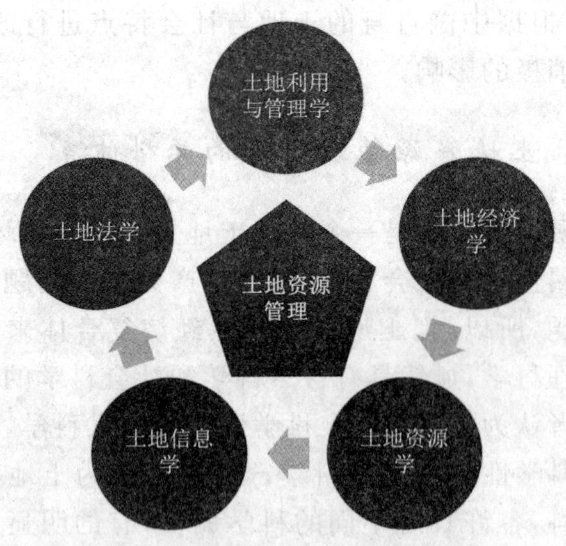

图 1-1　土地资源管理科学学科体系结构

参考文献

[1]吴次芳,吴丽．土地社会学[M]. 杭州:浙江人民出版社,2013:13.

[2]张统生,李宏军,李东林．开发区土地集约利用评价探讨[J]. 山东国土资源,2009,25(1):9—10.

[3]栾乔林,韦仕川,黄朝明．海南国际旅游岛背景下土地资源可持续利用的生态安全评价[M]. 北京:中国原子能出版社,2014,12:1—2.

[4]栾乔林,谷秀兰．土地资源管理特色专业建设与实践[J]. 安徽农学通报,2014,20 (23):150—154.

[5]教育部财政部关于实施高等学校本科教学质量与教学改革工程的意见[R]. 教高[2007]1 号,2007 年 1 月．

[6]李元元．加强特色专业建设,提高人才培养质量[J]. 中国高等教育,2008,402(17).

[7]教育部、财政部关于“十二五”期间实施“高等学校本科教学质量与教学改革工程”的意见[R]. 教高[2011]6 号,2011 年 8 月．

[8]栾乔林,韦仕川,王湃,谷秀兰．海南省土地资源可持续利用研究[J]. 科技信息,2013(8):50—51.

[9]Liu JY,Zhang ZX,Zhuang DF,et al. A study on the spatial-temporal dynamic changes of land-use and driving forces analyses of China in the 1990s,Geographical Research 2003,22(1):1—12.

[10]Ruelland D, Levavasseur F, Tribotté A. Patterns and dynamics of land-cover changes since the 1960s over three experimental areas in Mali,International Journal of Applied Earth Observation and Geoinformation,2010,12:S11—S17.

[11]倪绍祥,刘彦随．区域土地资源优化配置及其可持续利

用[J]. 农村生态环境,1999(2):9－13＋22.

[12]蔡运龙. 土地利用/土地覆被变化研究:寻求新的综合途径[J]. 地理研究,2001,20(6):645－652.

[13]刘纪远,匡文慧,张增祥等. 20 世纪 80 年代以来中国土地利用变化的基本特征与空间格局[J]. 地理学报,2014,69(2):195－210.

[14]刘彦随. 基于景观类型格局的退化土地利用优化配置——以陕北风沙滩地区为例[J]. 干旱区地理,1998(4):28－33.

[15]刘彦随. 山地土地结构格局与土地利用优化配置[J]. 地理科学,1999,19(6):504－509.

[16]刘彦随. 土地利用优化配置中系列模型的应用——以乐清市为例[J]. 地理科学进展,1999(1):28－33.

[17]彭建,赵会娟,刘焱序等. 区域生态安全格局构建研究进展与展望[J]. 地理研究,2017,36(3):407－419.

[18]刘纪远,宁佳,匡文慧等. 2010－2015 年中国土地利用变化的时空格局与新特征[J]. 地理学报,2018,73(5):789－802.

[19]彭建等. 国内外土地持续利用评价研究进展[J]. 资源科学,2003,25(2):85－93.

[20]牛国庆,王海娟. 对高校特色专业建设的思考[J]. 河南理工大学学报(社会科学版),2009,10(2):329－332.

[21]廖明,黄大乾,姜峰,朱蕾. 基于差异化竞争战略的高等院校特色专业建设研究[J]. 科技管理研究,2012,32(18):111－113＋127.

[22]刘彬让. 试论高等学校的特色专业建设[J]. 高等农业教育,2008(3):47－49.

[23]张婕. 高校特色专业建设:现实与前瞻[J]. 教育研究,2011,32(5):36－40.

[24]王保华,张婕. 关于特色专业建设的几个理论问题[J]. 中国大学教学,2012(5):30－34.

[25]陈少斌. 高校特色专业建设存在的问题及解决途径

[J]. 湖北大学学报(哲学社会科学版),2012,39(6):144—146.

[26]孙霞. 地方高校特色专业建设研究[D]. 中南民族大学,2009.

[27]李琳琳. 高等学校特色专业建设理论探讨[J]. 科技资讯,2008(13):126.

[28]王艳艳. 试论地方高校的特色办学模式——以学科专业建设为抓手[J]. 黑龙江高教研究,2012,30(12):16—18.

[29]顾永安. 关于新建本科院校转型发展的思考[J]. 教育发展研究,2010,30(3):79—83.

[30]彭旭. 新建本科院校的专业设置与调整[J]. 大学(学术版),2011(4):20—23+10.

[31]倪丽梅. 地方高校特色专业建设研究——以丽水学院为例[J]. 学理论,2014(21):251—253.

[32]朱新涛. 学科壁垒、学术堡垒与高等学校学科建设[J]. 江苏高教,2003(2):81—83.

[33]林坚,张叶笑,周琳,等. 土地利用学 30 年发展综述:兼论土地利用学的二级学科可能性和中国土地利用研究的原创性[J]. 中国土地科学,2017(10):15—22.

[34]李元. 为实现土地科学全面创新而努力:在中国土地学会第五次会员代表大会暨土地科学学术讨论会开幕式上的讲话[J]. 中国土地科学,2001(5):1—3.

[35]冯广京. 土地科学发展时空锥及土地科学学科演进研究[J]. 中国土地科学,2016(1):23—30.

[36]何永祺. 我国土地科学发展的历史回顾和展望——兼论土地科学学科建设[A]. 中国上地学会. 中国上地问题研究——中国土地学会第三次会员代表大会暨庆祝学会成立十周年学术讨论会论文集[C]. 中国土地学会:中国土地学会,1990:6.

[37]许牧、陈瓦黎. 试论土地科学[A]. 中国土地科学二十年——庆祝中国土地学会成立二十周年论文集[C]. 中国土地学

会,2000:4.

[38]胡星池．试论土地科学的几个理论问题[A]. 中国土地科学二十年——庆祝中国土地学会成立二十周年论文集[C]. 中国土地学会,2000:3.

[39]王家樑．土地科学的学科建设与展望[A]. 中国土地学会.92 海峡两岸土地学术研讨会论文集[C]. 中国土地学会:中国土地学会,1992:5.

[40]王万茂．中国土地科学学科建设的历史回顾与展望[J]. 中国土地科学,2001(5):22－27.

[41]尤文郁．对土地科学学科建设的几点认识[J]. 中国土地科学,1991,5(2):1－3.

[42]林增杰．浅议土地科学[A]. 中国土地学会．中国土地问题研究——中国土地学会第三次会员代表大会暨庆祝学会成立十周年学术讨论会论文集[C]. 中国土地学会:中国土地学会,1990:3.

[43]汤惠君,于正林．试论土地科学的研究对象和主导学科[J]. 广东工业大学学报(社会科学版),2003(4):32－35.

[44]陆红生,韩桐魁．关于土地科学学科建设若干问题的探讨[J]. 中国土地科学,2002(4):10－13.

[45]陈龙高,康建荣,杨小艳,张宇,汪红．基于土地科学学科内涵的土地资源管理专业培养目标研究[J]. 实验技术与管理,2019,36(4):16－19.

2　国内外土地资源管理学科高等教育发展现状

在土地资源管理过程中,土地管理人员的专业素养水平与土地资源的管理水平密切相关,土地管理者作为土地资源管理的主要角色,所具备的专业理论知识离不开土地资源管理学教育的进步与提升,要想在未来的土地管理规划中提升土地资源管理的水平,实现土地资源的最大化利用,必须对国内外土地资源管理学教育与科学研究现状有充分的认识。

2.1　国外土地资源管理教育和科学研究现状

从国际上来看,目前土地资源管理教育和科学研究主要存在两个大的方向:

一是以俄罗斯为代表的传统土地资源管理教育和科学研究模式,其以土地整理(规划)、地籍、产权、土地经济和土地法律法规为主要内容的土地资源管理的学科体系已经形成;相应的土地资源管理机构和科研单位已经成立,如俄联邦土地资源与管理委员会、俄联邦土地规划科学研究与设计院,各类土地银行、土地法院、土地税收服务、不动产代办处等;在人才培养和教育方面形成了两种形式的(面授和函授)多级培养体系,以俄罗斯国立土地规划大学、沃罗涅什农业大学和圣彼得堡农业大学为代表的土地资源管理高等院校基本反映了当前该模式下的土地资源管理教育的现状。

另一个方向是以欧美等发达国家为代表的,在传统模式的基础上,将土地资源管理与全球变化和可持续发展联系在一起进行统一整体的研究，如全球地圈－生物圈计划(IGBP)、地球系统伙伴计划(ESSP)等行动计划，要求将土地资源管理纳入“地球生命支持系统”中，借助现代的高新技术手段，如网络技术、3S技术等，综合地球自然、经济和生态系统功能，进行系统研究。相应的这些国家土地资源管理的教育也比较普及，正如以上所总结的不同的专业背景决定了其课程体系的不同。除土地资源学，土地经济学、土地利用规划学等基本课程外，美国布法罗大学以地理学和区域规划为基础的土地资源管理学派，主要强调将土地资源管理纳入到区域经济、生态和环境综合系统中研究土地资源的合理利用。德国是一个传统上强调地籍测量的国家，基本代表以测绘学为基础的土地资源管理学派，主要强调利用高新技术手段研究土地信息的获取、处理、分析，进行土地资源的调查、监测、预测和规划；其他的如奥地利维也纳大学、荷兰瓦赫宁根大学均是此类。以英国剑桥土地管理学院为代表的以土地经济和管理学为基础的土地资源管理学派，强调土地政策、经济和土地法规的相关研究。以以色列农业大学为代表的土地资源管理学派，以农业经济、土壤农化、农业土地利用和保护作为主要研究内容。

2.2 我国土地资源管理学科高等教育发展历史和现状

2.2.1 学科发展历史

我国土地资源管理的系统研究和教育起步较晚，新中国成立初期，我国土地资源管理基本照搬苏联的模式，1956年，东北农学院成立了我国第一个土地规划与利用专业，主要强调土地规划的教育和研究。“文化大革命”前，我国仅少数几所农业院校开设土地规划与利用专业。在“文革”时期，我国土地资源管理教育被迫中断；自20世纪80年代以来，我国人多地少的国情导致了我国的人地矛盾日益凸显，在社会经济转型和快速发展时期，土地资源的配置方式、经济关系也不断发生巨变，国家不失时机地提出了可持续发展战略，土地资源管理教育重新焕发生机。

1979 年，武汉华中农业大学召开了土地规划与管理学术研讨会，会上学者一致呼吁“加强土地管理是当务之急”。1980 年中国土地学会成立，系统全面的土地科学学科建设进入了规范发展的阶段，基于国家对国土资源管理工作的高度重视，我国土地资源管理学科与专业建设在多方面得到了政府与社会的支持之后，许多高等院校相继恢复或新建了土地规划与利用、土地管理本科专业。

1987 年，华中农业大学和东北农业大学在全国率先建立了“农业资源经济与土地利用管理”硕士点，开创了我国土地资源管理学科研究生教育的先河。

1993 年经国务院学位委员会批准，在南京农业大学设置了全国第一个“农业资源经济与土地利用管理”博士点，至此，土地资源管理学科从本科到博士的完整高等教育体系形成。高等院校设置的土地资源管理专业既存在显著的工商管理学科特征，又表现出管理学科工科化趋势，以无形和不可量化的服务为主要产品，这也决定了所培养的人才应同时具备特殊的素质和能力。通过不断完善，目前该专业已发展成为优势学科，具有十分鲜明的特色。学者刘璐祯在《基于学科知识图谱的国内土地资源管理学科演进及其进展研究》一文中对土地资源管理学科领域的时间发展特征、期刊分布特征、研究力量及学术机构分布、研究前沿发展与研究热点演化进行了系统分析。大数据分析使得我们在时间序列上对国内土地资源管理学科的演进有了更清晰的认识。

1997 年，国务院学位委员会和原国家教委设立了管理学门类，下设包括公共管埋学在内的 5 个一级学科，并在公共管埋学一级学科下设置行政管理学、社会医学与卫生事业管理学、教育经济与管理学、社会保障学和土地资源管理学 5 个二级学科，很多综合性大学依托公共管理学科招收土地资源管理专业研究生，一时间土地资源管理专业高等教育的发展风起云涌，使得土地资源管理专业的发展出现了文科化倾向，这虽然决定了人才的培养应同时具备特殊的素质和能力，但发展方向偏离、人才培养机制有缺陷、师资队伍结构不合理和重教学、轻实践等问题也应该受到重视。

土地资源管理专业的发展可分为以下三个阶段。

第一阶段——1998—2004 年："土地利用—可持续利用—土地资源管理—土地利用总体规划—地理信息系统"研究阶段。

1998 年，教育部对全国普通高等院校本科专业目录做出调整，将原土地规划与利用专业和原土地管理专业合并，设立了土地资源管理专业，在《普通高等学校本科专业目录和专业介绍》中，教育部将土地资源管理专业的培养目标定位为"培养具备现代管理学、经济学及资源学的基本理论，掌握土地管理方面的基础知识，具有测量、制图、计算机等基本技能，能在国土、城建、农业、房地产以及相关领域从事土地调查、土地利用规划、地籍管理及土地管理政策法规工作的高级专门人才"。1999 年土地资源管理开始招收专科生，2003 年，土地资源管理专业开始招收本科生，高等院校土地资源管理专业本科毕业生不仅要具有丰富扎实的理论基础，更要具有测量、制图等基本实践技能。作为土地资源学科领域奠定基础的一年，学者的研究领域多集中在土地利用、土地管理、土地规划等方面(近几年，"土地规划"已经被广泛应用在土地利用、土地评估、城市规划、国土空间规划、生态保护等多个方面，由最初的土地管理理论逐渐成为一个拥有多个分支的土地资源管理学科体系)。之后随着土地可持续利用被提出和 GIS 地理信息系统广泛应用在土地测量、土地调查、土地管制中，土地资源管理学科变得更为丰富。

第二阶段——2005—2010 年："土地利用—土地生态—土地征收—土地经济—土地市场—土地遥感"研究阶段。

土地资源管理学科的研究重点发生了转变，主要集中在农户、农田、耕地等方面，也逐渐更加注重土地的集约利用及对土地的保护。遥感技术的成熟应用，使得土地资源管理学科研究在这一期间进入了一个新的领域，众多学者围绕遥感应用，把研究目光聚集在土地科学、景观格局、环境评价等方面,研究内容逐渐适用于全球性时代的变化,响应了新时期环境保护的主题。2006年,全国已有17所高校具有了博士学位授予权(其中13所高校为一级学科博士点覆盖的二级学科博士点),90所高校和中国科学院研究生院具有硕士学位授予权(其中59所高校为一级学科硕士点覆盖的二级学科硕士点),还有一部分高校为一级学科博士点/硕士点覆盖的二级学科博士点/硕士点,可以招收土地资源管理专业的研究生,但是因各种原因并未招生。表中列出的高校2007年招收硕士生381人,招收博士生82人,还有一些高校的招生数无法获取,估计硕士生招生数为每年400～500人,随着2007年又有一批高校获得土地资源管理专业博士或硕士学位授予权,2008年硕士生招生数达到500人,博士生达到100人左右(表2-1)。

第三阶段——2011—2019年:“土地利用—土地整治—土地评价—土地制度—土地政策—土地生态”研究阶段。

在这一阶段,我国土地资源管理发展紧跟时代步伐,研究更注重人与资源的和谐统一,重点突出土地的生态价值,在环境保护的基础上对土地进行适宜性评价,促进土地的城市化利用。近几年的研究热点大多围绕“土地政策”和“土地利用碳排放”。2018年3月,十三届全国人大一次会议审议并通过了《国务院机构改革方案》,自然资源部正式组建。4月10日,自然资源部作为国务院组成部门正式成立。自然资源部的组建标志着我国在推进生态文明建设进程中迈出了关键一步,土地作为自然资源系统中的关键要素,长期以来在推动社会经济发展、保障国家粮食安全、全面推动生态文明建设等方面发挥着重要价值。作为培养高素质复合型人才的重要基地,土地资源管理专业必须积极应对大部制改革中的新变化和新需求,在改革实践中不断探索全面服务自然资源一体化管理的有效路径,以更好地发挥高等院校在人才培养和科技创新中的主力军作用。近年来,随着学科与专业建设工作的不断深入,土地资源管理专业已逐步凝练出具有特色的课程教学与专业技能实践体系,取得了较好的成效。

表 2-1　部分高校 2003—2007 年土地资源管理硕士、博士研究生招生情况[①]

高校类型/名称	各年份计划招生人数(人)				
	2003 年	2004 年	2005 年	2006 年	2007 年
硕士研究生招生					
综合性大学	7	102	80	108	102
农业院校	4	137	121	186	174
师范院校	0	35	16	19	37
地矿院校	6	28	72	40	68
博士研究生招生					
南京农业大学	—	—	—	26	23
中国人民大学	6	11	—	11	11
浙江大学	—	—	—	4	10
中国农业大学	—	—	—	11	10
华中农业大学	—	—	—	12	8
北京师范大学	—	—	6	8	10
中国矿业大学	—	—	—	3	10

2.2.2　学科建设发展现状

土地资源的利用和管理是我国国民经济和社会发展规划的重要内容，土地资源管理专业人才的培养和储备是关系到我国社会经济发展和资源环境保护的重要问题。从学科体系上来看，土地资源管理专业是公共管理一级学科下的二级学科专业，隶属于管理学的范畴，与地理学、经济学、政治学等学科有密切的联系。从专业开设的背景来看，土地资源管理本科专业发起于农业型院校，最初以土地利用规划和土地资源调查为专业的核心内容，之后随着耕地保护问题的不断严重，城市扩张的不断加剧，以及土

① 卞正富，金丹．中国土地资源管理专业研究生教育与人才培养[J]．中国土地科学，2008(5)：57—61.

地资源调查在全国范围内的开展和地理信息技术的快速发展，土地资源管理本科专业在全国各大高校中迅速流行。从专业发展的情况来看，土地资源管理专业目前已逐渐成为全国本科教学体系中的主流专业，专业课程的设置涉及了管理学、地理学、经济学、城乡规划学、生态学、地质学、测绘科学与技术、土木工程、地理信息系统等多个相关学科内容，属于横跨理、工、管、农等综合性较强的交叉型专业①。从专业人才培养的情况来看，土地资源管理专业的毕业生在国土资源管理相关的企事业部门就业的比例较大，同时也有相当一部分本科毕业生从事规划、房地产营销、遥感地理信息技术处理等工作，培养的人才综合能力强，就业面广。

根据2015年中国管理科学研究院发布的《2015中国大学评价》中的排名，通过对排前100名的我国高等院校的土地资源管理本科专业进行了分析，其中有17所大学设有土地资源管理本科专业（表2-2），这些大学主要包括有农业类、理工类、地质类和综合性大学，每所学校土地资源管理专业所隶属的学院和学科特色均有所不同。比如同在湖北省的武汉大学和中国地质大学（武汉）都开设有土地资源管理本科专业，但是武汉大学的土地资源管理专业在资源与环境科学学院，而中国地质大学（武汉）的则属于公共管理学院。

表2-2　我国前100名高等院校的土地资源管理专业

序号	排名	学校	学校所在省市	专业所属学院	专业特色
1	2	浙江大学	浙江	公共管理学院	土地管理、土地经济
2	7	武汉大学	湖北	资源与环境科学学院	土地信息系统、土地利用规划

①　胡伟艳，蔡银莺，彭开丽等．土地资源管理专业本科创新人才培养模式初探[J]．高等农业教育，2009(5)：42－45.

续表

序号	排名	学校	学校所在省市	专业所属学院	专业特色
3	8	四川大学	四川	公共管理学院	土地管理、土地经济
4	19	中国人民大学	北京	公共管理学院	土地经济、土地制度、土地利用规划
5	31	中国农业大学	北京	资源与环境学院	耕地质量评价、土地利用规划、土地管理与公共政策
6	39	南京农业大学	江苏	公共管理学院	土地利用、土地经济与政策
7	41	西南大学	重庆	资源环境学院	土地利用规划、土地改良与工程、土地经济与政策、不动产经营与管理
8	47	华中农业大学	湖北	公共管理学院	土地经济、土地利用、土地政策、不动产评估
9	52	南京师范大学	江苏	地理科学学院	土地经济、土地信息系统
10	54	西北农林科技大学	陕西	经济管理学院	土地经济、土地管理
11	74	湖南师范大学	湖南	资源与环境科学学院	土地利用规划与土地管理
12	77	华南农业大学	广东	公共管理学院	土地利用规划、土地经济
13	84	上海财经大学	上海	公共经济与管理学院	土地经济、土地管理研究
14	87	中国地质大学	湖北	公共管理学院	土地调查与评价、土地利用规划
15	89	黑龙江大学	黑龙江	政府管理学院	土地管理与公共政策
16	97	昆明理工大学	云南	国土资源工程学院	土地管理、土地调查、土地测绘
17	100	长安大学	陕西	地球科学与国土资源学院	土地信息系统、土地经济与土地制度、土地利用规划

从调查结果中可以发现土地资源管理专业大部分开设在公共管理学院，而公共管理正好是土地资源管理的一级学科，这类

学校中的土地资源管理专业的核心课程主要集中在土地管理学、土地利用规划和土地经济学等。另有一部分分布在资源与环境(科学)学院、地理科学(与国土资源)学院、国土资源工程学院等，这类学校中的土地资源管理专业更侧重土地的资源属性，强调全球定位系统、遥感和地理信息系统等空间地理信息技术在土地资源管理中的应用，以及耕地的保护、土壤的改良以及国土的规划和管理等，其核心课程包括有土地信息系统、土地测绘、土地管理学和土地利用规划等；最后西北农林科技大学的土地资源管理专业开设在经济管理学院，事实上，在 2013 年成立公共管理学院以前，华中农业大学的土地资源管理专业也是开设在经济管理—土地管理学院中，这些学校的本科专业对农林经济管理、土地管理和土地利用规划等课程较为重视，一般来说，农业型院校中的土地资源管理专业大部分都与经济有着密切的联系，这主要是由于农林经济管理是农业型院校中的特色优势专业，而它与土地资源管理本身有着密切的联系，需要进行融合和交叉。因此这类院校中的土地资源管理本科专业的课程设置中的经济学方面的比重较大。国内一流高等院校的土地资源管理专业的调查分析进一步证实了该专业的多学科背景。这些大学为了促进该专业在学校的持续发展，会结合学校发展的特色和优势专业的背景，定位土地资源管理专业的发展方向，明确核心课程，培养具有特色的土地资源管理专业人才。土地管理学和土地利用规划作为土地资源管理专业的传统核心课程，不论在哪所高校中均有开设，而土地信息技术、房地产经济学以及农田整治等方面的课程则会根据专业定位，加以选择和侧重。

通过分析全国土地资源管理专业本科课程的设置情况，发现各个学校根据自己的优势和发展历程其侧重点也有所不同。土地资源管理本科专业的核心课程包括土地利用规划、土地经济学、环境与资源经济学、房地产经济学与房地产经营管理、土地信息与遥感地理信息技术、土地整理与农田水利学、土地管理学、土地制度与土地法、地籍理论与方法等(图 2-1)。具体的专业课程名称并不完全统一,但是所涉及的核心内容大致可以分为这9类。

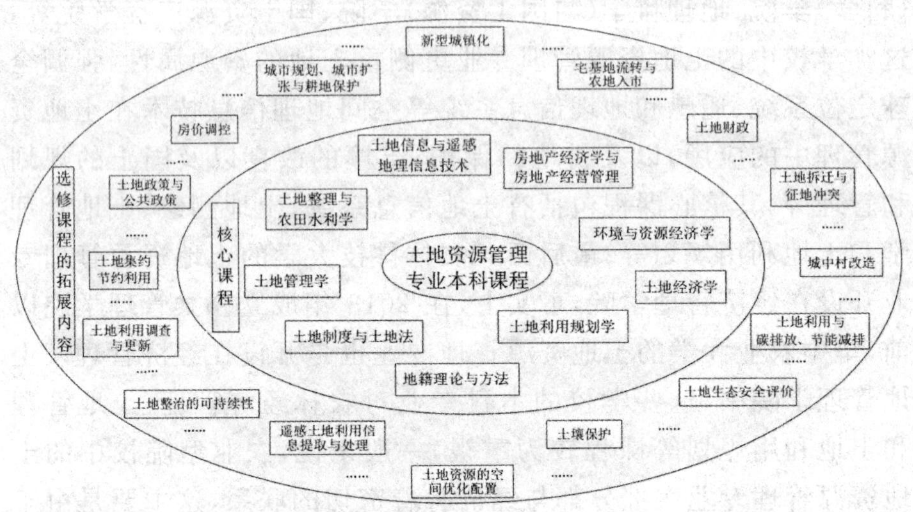

图 2-1 土地资源管理专业课程设置情况

在上述核心课程的基础上,许多学校又增加了具有特色的专业选修课,课程内容涉及范围广,主要包括有"城市规划 / 城市扩张与耕地保护""新型城镇化""宅基地流转与农地入市""土地财政""土地拆迁与征地冲突""城中村改造""土地利用与碳排放、节能减排""土地生态安全评价""土壤保护""土地资源的空间配置优化""土壤保护""遥感土地利用信息的提取与处理"“土地整治的可持续性""土地利用调查与更新""土地集约节约利用""土地政策与公共政策"和"房价调控"等内容(图 2-1)。总体来看,土地资源管理专业的课程设置较广,涉及基础理论的内容并不是特别多,更多的课程偏重应用和技术,并且这方面的课程近年来有增加的趋势,这类课程实用性强,对实践技能的要求更高。同时近年来各大院校也在已有专业课程设置的基础上,不断进行拓展,以求进一步完善土地资源管理专业的本科教学内容。

2.2.3 土地资源管理学科高校分布情况

随着土地资源管理专业的学科体系逐渐成熟,研究内容不断丰富，以及社会发展建设的需要，土地资源管理专业的办学规模和地域范围也越来越大，有的城市还出现了众多高校扎堆开办土地资源管理专业高等教育的现象。

截至2018年，全国已有109所高校先后创办土地资源管理本科专业，71所大学拥有土地资源管理专业硕士授予权，15所大学拥有土地资源管理博士点（详情见图2-2、图2-3、图2-4）。2017年，教育部、财政部、国家发展改革委公布了137所“双一流”建设高校名单，其中拥有土地资源管理专业的“双一流”高校共130所（含本科、硕士点或博士点）（分布见图2-2）。在党和国家的关心下，在教育部、自然资源部、农业部等相关部委的领导下，经过大量土地资源管理专家学者的共同努力，我国土地资源管理教育和科学研究经历了跨越式发展，土地资源管理事业蓬勃发展，学科体系也不断发展完善。

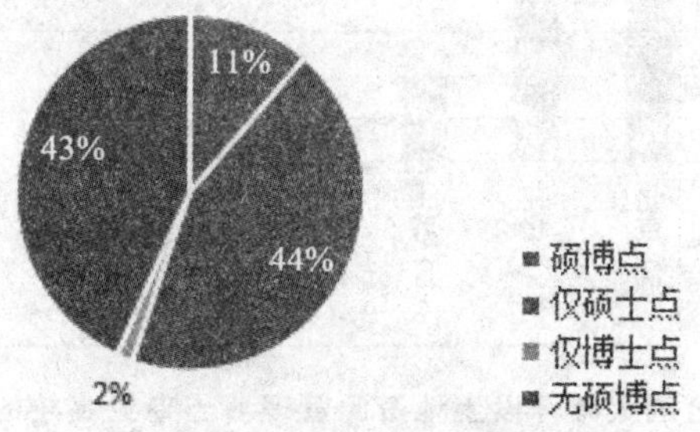

图 2-2 全国大陆开设土地资源管理院校的学位情况

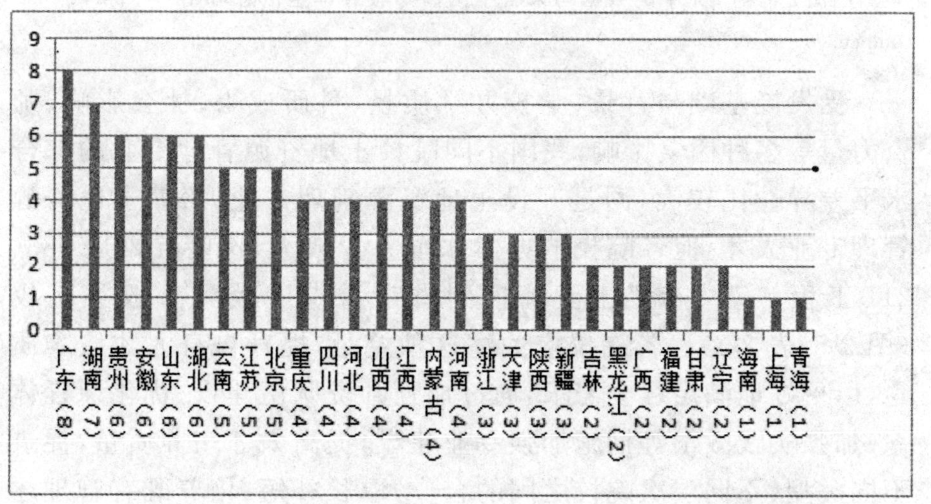

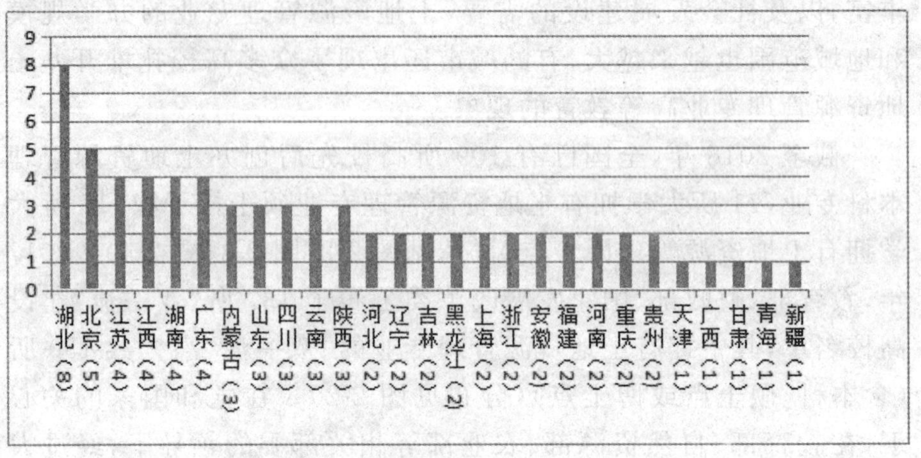

图 2-3 全国大陆开设土地资源管理本科专业高校的空间分布

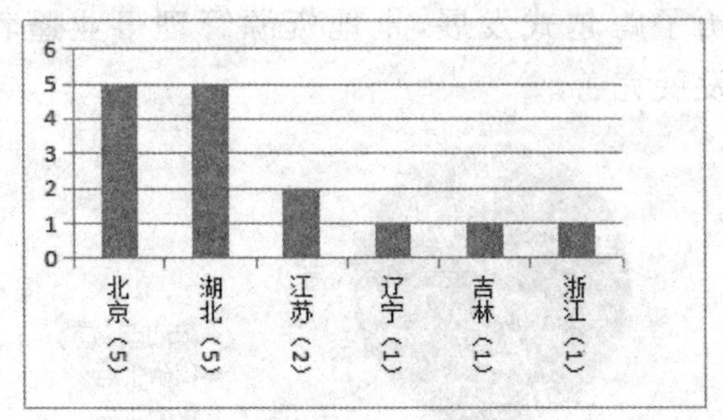

图 2-4 全国大陆开设土地资源管理博士专业高校的空间分布

注:图 2-3、图 2-4 中的数据均来自中国高等教育学生信息(https://www.chsi.com.cn/)

受发展基础与背景、学校办学质量、科研成果、社会影响、师资力量等多种因素影响,我国不同院校土地资源管理专业的综合水平差异性比较大,同是开设土地资源管理专业、培养土地资源管理专业人才,但各院校的办学水准差异较大,这些院校从 985、211 工程、“双一流”建设院校到省市重点院校到一般类院校(图 2-5、表 2-3)。各院校应关注这种差距,提升自身人才培养质量,以更好地满足社会需求,通过加强师资队伍建设、优化课程体系、加强实践教学等措施加强专业建设,提高人才培养质量,促进不同类型、不同层次院校之间的合作,取长补短,培养既有管理才

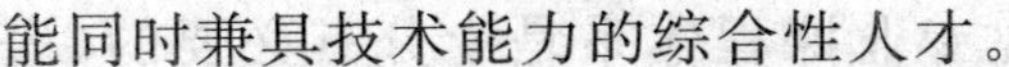
能同时兼具技术能力的综合性人才。

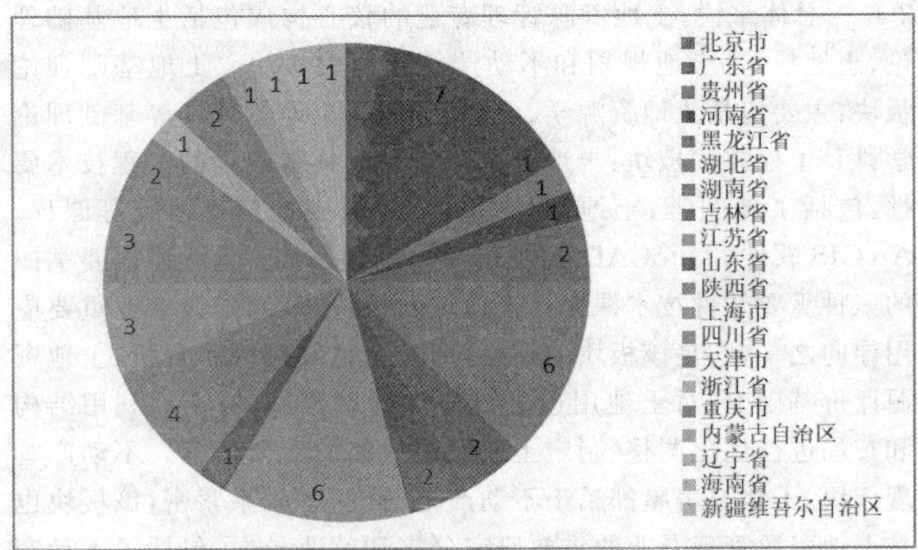

图 2-5 设置土地资源管理学科的“双一流”建设高校分布

表 2-3 我国大陆开设土地资源管理专业的不同类型院校数量及比例表

院校类型	综合	理工	农业	师范	财经/政法	其他	合计	占比%
“双一流”建设	22	9	6	6	4	2	49	37.12
985 工程	13	3	2	1	0	0	19	14.39
211 工程（非 985）	9	5	4	5	2	3	28	21.22
一般院校	11	9	19	17	18	11	85	64.39
合计（不含“双一流”建设）	33	17	25	23	20	14	132	100
占比（不含“双一流”建设）%	25.00	12.88	18.94	17.42	15.15	10.61	100	100

2.2.4 各高校学科特色

土地资源管理专业发展方向较多，对于本专业涉及的研究方向及知识板块进行梳理、构建专业课程体系是十分有必要的(表2-4)。总体来说,土地资源管理专业的核心构成包括土地基础理论、土地技术、土地规划和不动产管理四大板块。土地基础理论板块:主要包括土地资源学、土地经济学、土地管理学等基础理论学科。土地技术板块:土地资源管理专业具有较强的工程技术属性,包括了地图学、土地测量、土地遥感、土地信息系统等课程。ArcGIS 软件、AutoCAD 软件、ENVI 软件是该专业学生需要掌握的三种重要软件技术课程。土地规划板块:规划是该专业重要应用导向之一,它是该板块的核心,即在土地利用现状分析、土地资源评价基础上,对土地用途进行分类管理控制,对土地利用结构和布局进行优化调整、制定土地发展战略的重要依据。不动产管理板块:土地与房屋都属于不动产范畴,两者联系紧密,该板块也是土地资源管理专业的重要研究分支和就业导向,包括了不动产估价、不动产登记、房地产管理等诸内容。

表 2-4 土地资源管理专业课程体系

学科板块	开设课程
土地基础理论板块	自然地理学、土地资源学、土地经济学、土地管理学、地籍管理学、土地法学等
土地技术板块	测量学、遥感技术概论、GPS 概论、土地信息系统、地图制图学等
土地规划板块	土地利用规划、城市规划原理、建筑工程制图、土地整治规划设计等
不动产管理板块	房地产估价、房地产投资分析、房地产经营管理、房地产营销与策划等

在土地资源管理以上专业课程的基础上,各高校还会结合所在高校类型、院系偏好及现实需要,形成各自的课程特色,例如海南大学土地资源管理专业放置在政治与公共管理学院门下,则在以上专业课的基础上,还会开设社会学、政治学等课程。目前国

内开办土地资源管理专业的高校普遍将该专业放在资源与环境学院、政府管理学院、公共管理学院、测绘学院、经济与管理学院等等，学科特色总体可分为以下四类（表2-5）：以测绘学为依托发展起来的院校，如武汉大学、同济大学、中国矿业大学等；以农业经济、土壤农化为依托发展起来的院校，如中国农业大学、南京农业大学、浙江大学、东北农业大学、华中农业大学等；以地理学为依托发展起来的院校，如北京师范大学、南京师范大学、北京大学、中山大学等；以经济、管理为依托发展起来的院校，如中国人民大学等。

与此对应，我国开设土地资源管理专业的高校授予学位也有所不同，主要有以下三类：管理学学位，授予该学位的高校最为普遍，如中国农业大学、北京师范大学、南京农业大学等；工学学位，这类院校主要将土地资源管理设置在测绘学院、科学学院等偏向工科技术的学院单位，如吉林大学、中国地质大学（北京）、中国矿业大学等；理学学位：授予该学位的高校较少，比较侧重规划、制图方向，如南京师范大学、湖北大学等。还有少数院校的本科教育与硕博教育侧重不同方向，如中国地质大学（武汉）本科阶段授予工学学位，而研究生阶段则授予管理学学位。

表2-5　我国大陆土地资源管理专业类型分析

学术依托	典型学校	优势领域
测绘学	武汉大学 同济大学 中国矿业大学	1. 土地信息采集与处理 2. 3S技术及其应用 3. 土地利用空间表达与分析
农学	浙江大学 中国农业大学 南京农业大学 东北农业大学 华中农业大学	1. 耕地质量监测与粮食生产能力 2. 全国农用地分等定级估价 3. 征地制度改革与“三农”问题

续表

学术依托	典型学校	优势领域
地理学	北京大学 中山大学 北京师范大学 南京师范大学	1. 土地利用规划 2. 土地资源可持续利用
经济管理学	中国人民大学	1. 土地经济学 2. 不动产研究 3. 房地产市场分析

2.3 国内外土地资源管理学科高等教育发展及研究特征分析

从国内外的现状研究发现，虽然由于在不同的社会制度下，土地资源管理政策和相关措施有较大的差别，导致土地资源管理的具体实践不同；但从土地资源管理教育和科学研究来看，国内外从学科依托的专业背景、教学系统和科学研究方向等方面有相通之处，土地资源管理教育及其科学研究总体上呈现以下几方面的特点：

2.3.1 土地资源管理是一个古老而年轻的学科

土地资源管理的基本目的是满足人类的需要，当一定区域范围内的社会形态(领土占有)基本形成时，就需要建立稳定的人地关系来反映人们对土地多种多样的需求。根据史料记载，古埃及曾于公元前 1500 年进行地籍测量工作；希腊于公元前 434—公元前 412 年开展土地丈量和分配工作；古罗马于公元前 600 年进行土地丈量工作；英国始于 1535 年的土地登记也是基于土地丈量资料，英国国王 1806 年颁布的《末日审判书》(土地赋税调查书)，记录了每一块土地的所有者名称、占有状况、面积和评估的价格等用于征收土地税；德国于 1886 年巴伐利亚王国法律中规定开展土地丈量和土地整理，并设立专门的土地整理管理机构。这些都可认为是土地资源管理的雏形。然而，正如恩格斯所说“科学的产生与发展一开始就是由于生产决定”，这时的土地管理基本只停留在土地的量测阶段。直到20世纪60年代，西方国家后工业时代到来，人口、资源、环境和粮食问题日趋严重，相关技术手段迅速发展，导致了近代土地资源管理学的蓬勃发展。相应的土地资源管理学的研究对象和内容发生了重大的变化，并逐渐演化形成了包括土地利用规划学、土地资源学、土地经济学、土地法学和土地信息学等分支学科的现代土地资源管理学的学科体系。

2.3.2 土地资源管理是一个内涵明确、外延广泛的研究领域

从其外延来看，它涉及技术、自然、社会、经济、法律、生态等学科领域，具有跨学科、跨行业、跨区域的广阔的研究视野，土地利用与资源环境安全研究、土地集约利用研究、土地资源可持续利用研究、土地利用规划等土地资源管理的基础研究均需要不同学科、技术的相互支撑；从其内涵来看，虽然土地资源管理是依据土地的特殊性，引用管理科学的基本理论来研究探讨土地管理问题，但土地资源管理又是一个以管理决策为中心，以土地利用及协调土地利用中的人－地关系为核心研究内容的硬核。这个硬核是这门学科的支柱和区别于其他学科的主要特点。在土地科学体系中土地资源管理是一门以管理决策为中心，综合运用土地科学体系中相关学科知识的分支学科，而在管理科学体系中土地资源管理又是一门以研究土地资源为特色的分支学科。它体现公共管理的属性的同时兼有土地管理专业内涵，是一个专业特点较强、涉及的学科较多的专业，既要体现公共管理应有的专业定位和基本培养目标，同时要体现本专业的研究对象——土地资源的开发、利用、管理中的特殊问题的本质要求，它除了研究人与人之间的关系外，对人与自然的关系的研究显得较为重要。

2.3.3 土地资源管理是以传统学科为支撑的边缘、交叉学科

主要来源于四大传统学术体系(图 2-6):

(1)以农学为代表的,基于农业经济和土壤农化为基础;这类侧重从微观上,研究农业土地管理和土地经济等科学问题。

(2)以经济和管理学为代表的,包括经济学、管理学、法学、土地法学、土地经济学等,主要是培养解决土地利用与管理的经济机制、法律规则、管理措施等方面的人才,属于专业基础知识范畴,其特点是从政策和法规方面研究土地管理的科学问题,侧重研究土地利用中的人一人之间关系的协调和解决。

(3)以地理学为代表的,包括地质地貌学、土地资源学、地理学、经济地理学、区域经济学等,这方面主要是应用于解决土地利用的基本规律和要求,属于专业知识范畴,满足开展土地利用规划、土地整治、耕地保护等方面工作需求,其特点是从宏观、总体上研究土地利用中的人一地关系的协调和解决。

(4)以测绘学为代表的,包括测量学、地籍测量学、地图制图学、摄影测量、遥感、3S 等,属于现代技术和方法类研究。其特点是侧重通过对地球表面自然现象的精确描述和分析,研究土地利用中的人一地关系综合体相关问题,用于解决土地利用空间表达与分析、土地信息采集与处理,实现土地管理现代化、自动化、智能化。这也基本代表了世界范围内土地资源管理专业创办院校的原始学科基础属类。除此之外,计算机科学、哲学、心理学、环境科学和数学等相关学科对本学科的建立和发展也起到了积极的推动作用。

2.3.4 测绘学为土地资源管理学发展奠定了基础

测绘学主要是研究地理信息的获取、处理、描述和应用,在土地资源管理学发生发展的历史长河里,测绘学始终扮演了重要的角色。公元前 1500 年古埃及门纳的坟墓里,就有土地测量师的身影,从历史来看,土地资源管理的最初形式即土地的测量、土地

调查等测绘技术手段;从世界范围来看,所有创办土地资源管理的院校,早期基本是从测量学校开始,如苏联 1779 年开始创办土地丈量学校后逐步演化为俄罗斯现今的莫斯科土地整理大学;德国一直将地籍测量作为其土地资源管理的主要手段,并创办相应的学校和研究机构;美国、荷兰等均是如此。测绘学主要是采集各种空间数据,运用系统的方法,将土地空间信息作为科学、管理、技术和法律等因素的一部分参与到土地资源管理的过程中。目前,通过给土地资源管理者提供空间数据,测绘学在城乡规划建设、土地资源的合理利用、科学农业发展、环境资源保护和地籍管理等方面已有着广泛应用。

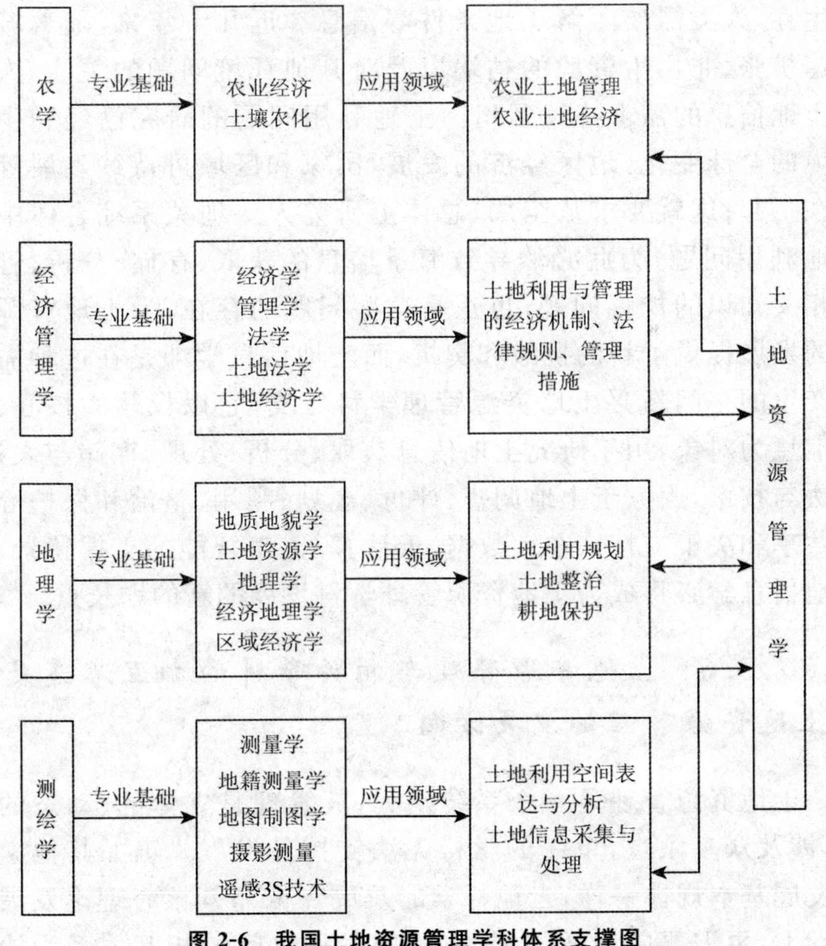

图 2-6 我国土地资源管理学科体系支撑图

测绘学是运用系统的方法,集成各种手段来获取和管理空间数据,并作为科学、管理、法律和技术服务的一部分参与空间信息生产和管理的一门应用学科。测绘学的应用范围很广。在城乡建设规划、国土资源的合理利用、农林牧渔业的发展、环境保护以及地籍管理等工作中,必须进行土地测量和测绘各种类型、各种比例尺的地图,以供规划和管理使用。

2.3.5 土地信息学为土地资源管理学发展注入了新的活力

人类对土地信息的需求可以追溯到文明化开始阶段,为了维持生存,人类需要了解土地条件等信息。近几十年来,随着城市快速扩张、非再生资源的枯竭以及对其他环境问题的关注,人们对土地信息的需求持续猛增。土地利用问题的研究已经和生态环境的全球变化,地区经济的发展,国家和区域可持续发展等联系在一起;这就要求从全局、总体上研究人－地关系综合体中的土地利用问题,为此必然导致海量信息的获取、存储、分析、管理和相关知识的挖掘问题;也正是这些问题的存在,为土地资源管理的发展提供了新的挑战和契机,而土地信息学即是在这种需求下产生的一门新兴土地资源管理学科分支,它以权籍为核心、土地信息为对象,用于研究土地信息获取、分析、处理、存储与表达、方法与技术,服务于土地调查、评价、规划、利用、整治和保护等信息共享和决策支持。在大数据、云计算、人工智能的支撑背景下,土地信息学必将成为土地资源管理学科发展的新的增长点。

2.3.6 土地资源管理与相关学科的相互渗透是现代土地资源管理的发展方向

土地资源管理是一个系统工程,其管理是立体的、动态的过程,涉及众多领域,单一的学科无法支撑其发展。正如其他学科的发展基本规律一样,土地科学的发展在依靠其核心理论发展的基础上,更需要应用的扩展,以不同学科之间的相互关系为协调的纽带，为土地资源管理的发展提供多层次、多视角的研究内容和方法。在土地资源管理的实际应用中，受资源过度开发、规划不合理以及同经济发展相矛盾等因素影响，土地资源管理更需要相关学科提供智力支持。

为了进一步提升土地资源管理水平，现代土地资源管理研究的重要特征是将土地利用与保护紧密结合起来，从而建立起完善的土地资源—土地经济—土地生态—土地管理的复合理论体系。这样，它势必要涉及地理学、生态学、环境学、经济学、管理学等众多学科的研究领域和内容。

参考文献

[1]胡伟艳，蔡银莺，彭开丽等．土地资源管理专业本科创新人才培养模式初探[J]. 高等农业教育，2009(5)：42—45.

[2]曾晨，柯新利，王鹏，等．多学科背景下一流土地资源管理本科专业的建设 [J]. 中国地质教育，2017，26(2)：16—19.

[3]栾乔林，谷秀兰．土地资源管理特色专业建设与实践[J]. 安徽农学通报，2014，20 (23)：150—154.

[4]教育部财政部关于实施高等学校本科教学质量与教学改革工程的意见[R]. 教高[2007]1 号，2007 年 1 月.

[5]李元元．加强特色专业建设，提高人才培养质量[J]. 中国高等教育，2008，402(17).

[6]教育部、财政部关于“十二五”期间实施“高等学校本科教学质量与教学改革工程”的意见[R]. 教高[2011]6 号，2011 年 8 月.

[7]陈龙高，康建荣，杨小艳，张宇，汪红．基于土地科学学科内涵的土地资源管理专业培养目标研究[J]. 实验技术与管理，2019，36(4)：16—19.

3 海南大学土地资源管理专业发展现状及学科建设历程

3.1 特色专业背景下海南大学土地资源管理专业发展现状

3.1.1 海南大学土地资源管理专业学科发展现状

土地资源管理专业是国家教育部控制布点专业，是结合海南经济发展需要而重点建设的具有特色的新兴专业，海南大学也是海南省高校中唯一开设土地资源管理专业的高校。

海南大学土地资源管理专业的发展有着自己的特点。1993年，由原华南热带农业作物学院测量教研室和国土教研室成立国土规划与管理系，创办两年制国土规划与管理专科。1996年，原华南热带农业作物学院更名为华南热带农业大学，国土规划与管理专业也由两年制专科升为三年制专科。2000年经教育部批准，国土规划与管理专业由专科升格为土地资源管理本科专业。2005年，由于华南热带农业大学学科调整，土地资源管理专业并入经济管理学院。2007年，原华南热带农业大学与原海南大学合并为新海南大学。2009年土地资源管理专业调整到海南大学政治与公共管理学院。2010年被批准为海南省省级特色专业。2018年获公共管理一级学科硕士点。2019年正式招收土地资源管理专业硕士研究生。

经过十多年的发展，在巩固学科主体领域、发挥学科优势的前提下，通过加强土地资源管理与其他相关学科的交叉、渗透，专业划分为土地整治与规划方向、房地产经营管理方向和土地资源信息方向。结合海南省区域发展及学校自身的特点，逐步形成了海南大学土地资源管理专业用自然科学方法、走社会科学道路、“工管结合”的学科定位，并得到国土资源系统及兄弟院校的广泛认可。

3.1.2　海南大学土地资源管理专业师资队伍现状

海南大学土地资源管理专业经过了20多年的发展，逐渐从生涩走向成熟。在师资队伍建设方面，土地资源管理系一方面加大对青年教师进行在职培养的力度，共有5位老师通过在职攻读学位的方式获得了硕士学位，其中1位老师获得了博士学位；另一方面，土地资源管理系积极引进高层次专业人才，2004年引进华南师范大学和山西农业大学硕士研究生2名，2005年引进西南大学硕士研究生1名，2008年引进浙江大学博士1名，2010年引进华中农业大学博士1名，2018年引进北京师范大学博士1名，2019年分别引进浙江大学博士和南京大学博士各1名。目前，师资队伍从年龄结构到学历结构再到职称结构，日趋成熟，形成了一支思想政治素质高、爱岗敬业、职称和学历结构比较合理，以中青年教师为主的师资队伍。

目前土地资源管理专业有教师14人，其中专职教师13人，实验管理员1人；具有博士学位的教师6人，占全系教师总数的42.9%，具有硕士学位的教师有8人，占全系教师总数的57.1%；教授5人，占全系教师总数的35.7%，副教授5人，占全系教师总数的35.7%，讲师3人，占全系教师总数的21.4%，实验师1人占全系教师总数的7.1%。具体如表3-1、表3-2和图3-1、图3-2所示。

表 3-1 海南大学土地资源管理系教师队伍现状

职称构成				
教师人数	教授	副教授	讲师	实验员(实验师)
14	5	5	3	1
学位构成				
教师人数	博士	硕士	学士	在读博士
14	6	8	0	1

表 3-2 海南大学土地资源管理专业教师学历层次情况表

序号	姓名	职称	毕业学校、毕业时间(本科、硕士、博士)	专业(本科、硕士、博士)	最高学位
1	黄朝明	教授	中国农业大学 1996 中国农业大学 2004 东北大学 2019	土地利用与规划 土地资源管理 管理科学与工程	管理学博士
2	栾乔林	教授	辽宁工程技术大学 1996 辽宁工程技术大学 2003	测量工程 地图制图学与地理信息系统	工学硕士
3	韦仕川	教授	辽宁工程技术大学 2002 辽宁工程技术大学 2005 浙江大学 2008	资源管理 资源管理 土地资源管理	管理学博士
4	谷秀兰	副教授	山东师范大学 2001 华南师范大学 2004	地理教育 自然地理学	理学 硕士
5	黎兴强	教授	浙江大学 1997 海南大学 2013	经济地理学与城乡区域规划 旅游管理	管理学硕士

续表

序号	姓 名	职称	毕业学校、毕业时间 （本科、硕士、博士）	专业 （本科、硕士、博士）	最高 学位
6	宋晓丽	副教授	山西农业大学 2001 山西农业大学 2004	土地规划与利用 农业经济管理	管理学硕士
7	刘民培	教授	华中农业大学 2002 华中农业大学 2010	土地资源管理 土地资源管理	管理学硕士
8	王　湃	副教授	南京农业大学 2005 华中农业大学 2007 华中农业大学 2010	资源环境与城乡规划 土地资源管理 土地资源管理	管理学博士
9	姚建忠	讲师	同济大学 1997 海南大学 2008	土地管理 工商管理 MBA	管理学硕士
10	郝志军	讲师	山西农业大学 2001 西南大学 2004	土壤学 农业资源信息管理	农学 硕士
11	韩念龙	高工	吉林大学 2006 吉林大学 2008 北京师范大学 2011	地理信息系统 地理信息系统 自然资源	理学 博士
12	熊昌盛	讲师	海南大学 2010 华南农业大学 2013 浙江大学 2018	土地资源管理 地理信息系统 土地资源管理	管理学博士
13	贾培宏	副教授	南京大学 1995 南京大学 2004 南京大学 2007	地理信息与地图学 地图学与地理信息 系统、自然地理学	理学 博士
14	赵红亮	实验师	华南热带农业大学 2006 海南大学 2011	市场营销 中共党史	法学 硕士

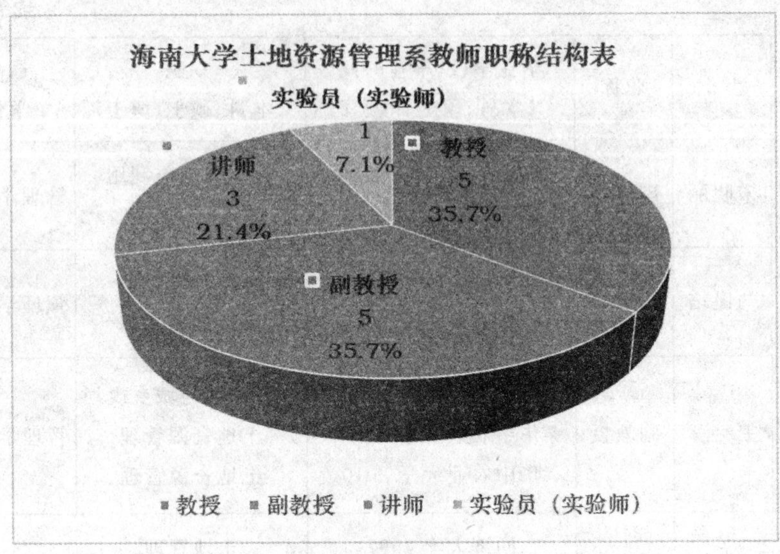

图 3-1　海南大学土地资源管理系教师职称结构表

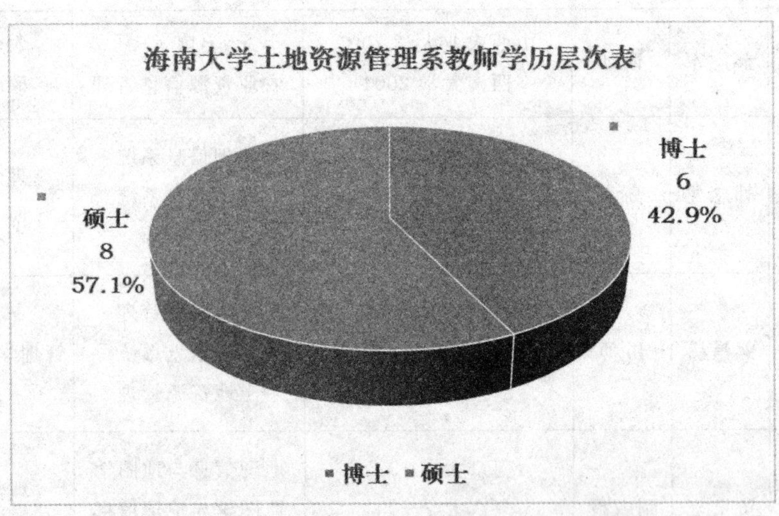

图 3-2　海南大学土地资源管理系教师学历层次表

3.1.3　海南大学土地资源管理实验室发展现状

海南大学土地资源管理实验室创建于 1993 年，主要承担土地资源管理专业本科及硕士研究生实验教学任务。实验室于 2007 年获得了中央与地方共建高校特色优势学科实验室项目立项支持，结合土地资源管理专业的特点和市场需求，初步建立了土地资源信息实验室、土地整治与规划实验室和房地产经营管理实验室。2010 年 6 月，中央财政支持地方高校资金土地资源管理实验室项目建设成功立项，获得财政部实验室建设项目经费，极大地改善了土地资源管理实验室的基本实验条件。

图 3-3　海南大学土地资源管理实验室管理架构

图 3-4　海南大学土地资源管理实验室主要设备情况

(1)土地资源信息实验室

土地资源信息实验室依托土地资源管理专业土地信息系统

方向而设立，实验室现有实验教师 4 人，其中教授 1 人，副教授 1 人，高工 1 人，讲师 1 人；博士 2 人，硕士 2 人。主要承担海南大学土地资源管理本科专业土地信息系统方向和硕士研究生的实验和实习教学任务。

图 3-5　海南大学土地资源信息实验室师资队伍

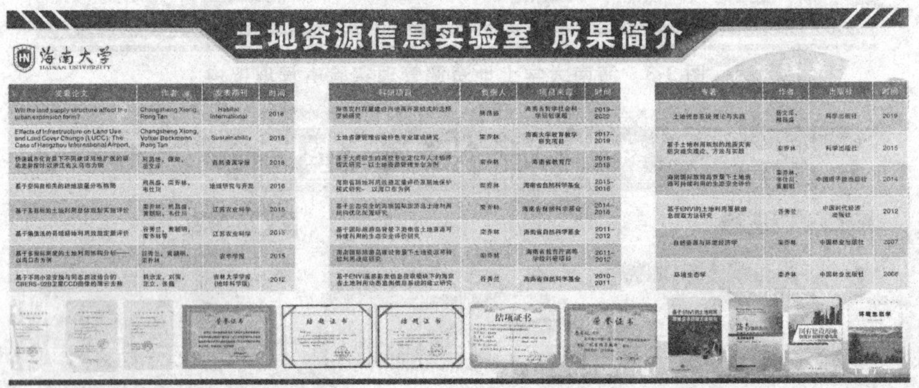

图 3-6　海南大学土地资源信息实验室成果

(2)土地整治与规划实验室

土地资源信息实验室依托土地资源管理专业土地整治与规划方向而设立，实验室现有实验教师 5 人，其中教授 3 人，副教授 2 人；博士 3 人，硕士 2 人。实验室主要承担海南大学土地资源管理本科专业土地整治与规划方向和硕士研究生的实验和实习教学任务。

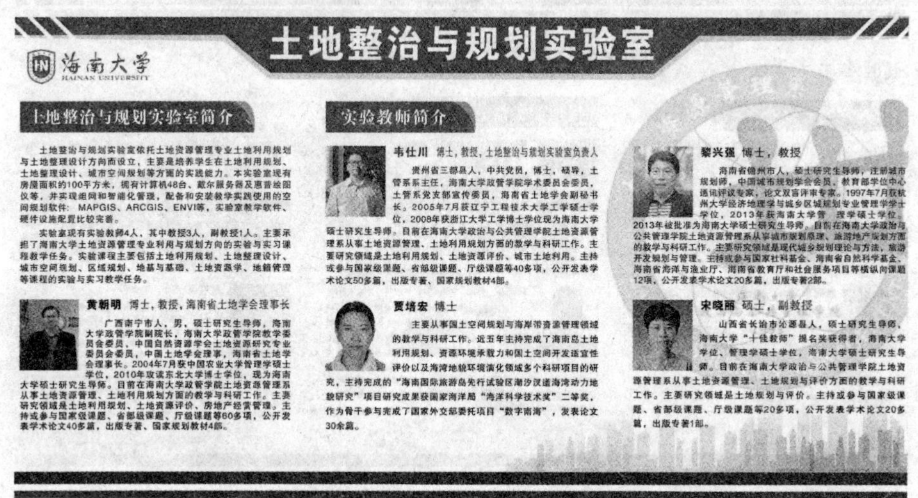

图 3-7 海南大学土地整治与规划实验室师资队伍

图 3-8 海南大学土地整治与规划实验室成果

(3)房地产管理实验室

房地产管理实验室依托土地资源管理专业房地产经营与管理方向而设立，实验室现有实验教师 5 人，其中教授 1 人，副教授 1 人，讲师 2 人，中级实验师 1 人；博士 1 人，硕士 4 人。实验室主要承担海南大学土地资源管理本科专业房地产经营与管理方向的实验和实习教学任务。

图 3-9　海南大学房地产管理实验室师资队伍

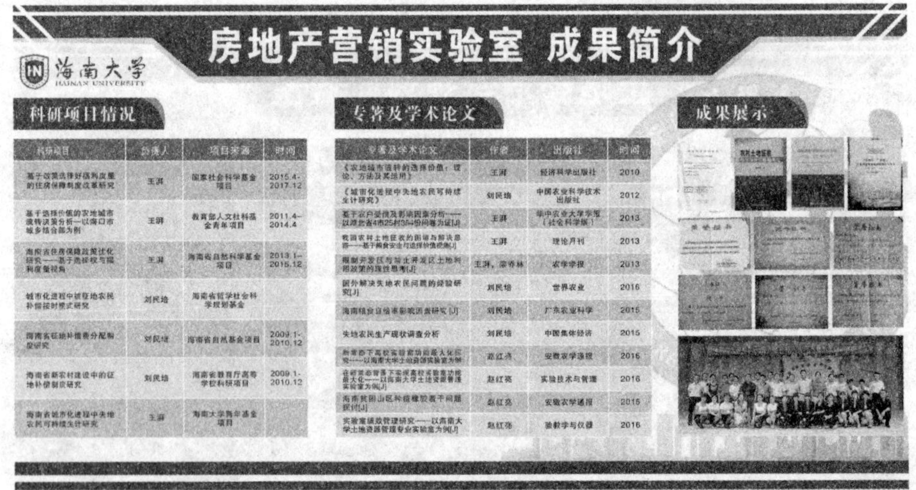

图 3-10　海南大学房地产管理实验室成果

3.2　海南大学土地资源管理专业学科建设历程

3.2.1　专业筹建及专科培养阶段

海南大学土地资源管理专业起源于前华南热带作物学院的

国土规划与管理专业，1993年华南热带作物学院国土规划与管理系成立，下设测量教研室和国土教研室，开设国土规划与管理两年制专科专业。

第一任系主任为1964届武汉测绘学院航测专业毕业生李志中老师，系副主任为国土教研室主任、华南热带作物学院1984届热作专业毕业生陈良秋老师，国土实验室主任由西北农业大学1993届土地规划与利用专业毕业生但承龙老师担任，测量实验室主任由武汉测绘学院1970届遥感专业毕业生陈木生老师担任。系主要教师有原海南省侨联副主席、武汉测绘学院毕业生陈有海副教授、武汉测绘学院1968届制图专业毕业生符策政老师、安徽师范大学1989届地理学专业毕业生雍新琴老师、北京师范大学1992届自然地理学专业毕业生田青老师，由部队转业的王召学老师担任测量实验室管理员，1995年，吴碧漪老师调入国土规划与管理系。

经过三年多的发展，1996年国土规划与管理专业由两年制专科改为三年制专科。华南热带作物学院也更名为华南热带农业大学，国土规划与管理系隶属于华南热带农业大学农学院。同年，石玉丹老师、黄卫东老师调入国土规划与管理系分别担任国土实验室管理员和测量实验室管理员。

1996届中国农业大学土地利用与规划专业毕业生黄朝明老师毕业分配到国土规划与管理系国土教研室工作，1996届辽宁工程技术大学测量工程专业毕业生栾乔林老师、1996届成都理工学院测量工程专业毕业生董强老师毕业分配到国土规划与管理系测量教研室工作。1997届华中农业大学土地利用与规划专业毕业生尧德明老师、同济大学土地管理专业毕业生姚建忠老师毕业分配到国土规划与管理系国土教研室工作。

1997年，栾乔林老师接替陈木生老师担任测量实验室主任，同年，测量实验室通过了海南省实验室省级评估，并荣获“海南省优秀实验室”称号。

1998年3月，国土规划与管理系主任李志中老师退休，陈良秋副主任调离国土规划与管理系，雍新琴老师接任国土教研室主任，尧德明担任国土实验室主任，栾乔林老师接任测量教研室主任，董强担任测量实验室主任。

1998 年 6 月，武汉测绘科技大学毕业的赵莉分配到测量教研室工作。1999 年 4 月，栾乔林老师带领测量教研室老师筹建了华南热带农业大学测量实验、实习教学基地。1999 年 7 月，栾乔林老师赴辽宁工程技术大学攻读地图制图学与地理信息系统专业硕士学位。

3.2.2 学科调整及本科培养阶段

随着高等教育本科专业目录的调整，1997 年前经济学科中的土地管理和工学中的土地规划与利用两专业合并成土地资源管理专业，归属公共管理学科。随着专业属性的变化，有关土地资源管理专业课程设置和教学内容的改革就显得十分的迫切。2000 年 12 月在南京召开了全国土地资源管理学科建设研讨会，2002 年 1 月教育部高等学校公共管理类教学指导委员会土地资源管理学科组和全国高等学校土地管理院长（系主任）联谊会，在哈尔滨召开了土地资源管理专业本科教育教学研讨会，完成了教育部布置的全国高等院校土地资源管理教育现状的摸底调查报告，对土地资源管理的学科定位、土地资源管理的课程体系、土地资源管理专业研究生的教育等问题展开了探讨，取得了初步的成果。

2000 年，为了适应高等教育发展要求，华南热带农业大学农学院国土规划与管理专科专业经教育部批准升格为土地资源管理本科专业。土地测量与规划系也更名为土地资源管理系，隶属于华南热带农业大学农学院。

2001 年 9 月，黄朝明老师赴中国农业大学攻读土地资源管理专业硕士学位，栾乔林老师回到测量教研室从事测量学、地图制图学、地理信息系统等课程教学。

2002 年 7 月，但承龙老师从南京农业大学博士毕业，返回土地资源管理系，担任系主任，王联春担任测量教研室主任。

2003 年，尧德明、雍新琴、但承龙、吴碧漪调离土地资源管理系。姚建忠担任土地资源管理系主任，栾乔林担任土地资源管理系实验室主任，并筹建了土地资源信息实验室。

2004 年，经海南省新办本科专业评估后，华南热带农业大学农学院土地资源管理专业第一届本科生正式毕业，并授予管理学学士学位。

2004 年 7 月，华南师范大学和山西农业大学的硕士研究生谷秀兰、宋晓丽毕业分配到土地资源管理系工作。

2005 年，由于土地资源管理专业管理属性加强，根据华南热带农业大学学科调整方案，农学院土地资源管理专业并入经济管理学院。

2006 年，郝志军从广西土地勘测规划院调到到土地资源管理系工作。

2007 年 8 月，为了适应高等学校发展的需要，原华南热带农业大学与原海南大学合并为新海南大学。新海南大学是综合性重点大学，也是教育部和海南省人民政府部省合建高校。学校秉承“海纳百川，大道致远”的校训，弘扬“自强敬业，厚德弘毅”的校风迎头赶超、创新发展。2008 年 12 月，经国家批准成为“211 工程”重点建设高校；2012 年，跻身国家“中西部高等教育振兴计划”建设行列，先后获得“中西部高校基础能力建设工程”“中西部高校综合实力提升工程”等建设支持；2017 年，入选国家“世界一流学科”建设高校；2018 年，海南省委、省政府做出“聚全省之力办好海南大学”的重大决策部署；同年，海南大学成为教育部与海南省政府“部省合建”高校，纳入教育部直属高校排序。

合并后的新海南大学对原华南热带农业大学与原海南大学的学科专业进行调整，原华南热带农业大学经济管理学院调整为新海南大学管理学院。土地资源管理系成为新海南大学管理学院的一员。

2008 年 10 月，浙江大学土地资源管理专业博士毕业生韦仕川老师毕业分配到土地资源管理系工作。

2009 年 8 月，新海南大学管理学院整体搬迁到新海南大学主校区（海甸校区），管理学院和经济学院合并组建海南大学经济与管理学院，鉴于土地资源管理专业为公共管理一级学科下的二级学科的学科属性，土地资源管理系整体划入海南大学政治与公共管理学院。

3.2.3 特色专业及硕士培养阶段

2010 年，经海南省教育厅批准，海南大学土地资源管理专业正式成为海南省省级特色专业建设点。

2010 年 6 月，申请土地资源管理实验室建设项目获得中央财政支持地方高校资金立项，基本完成了土地资源信息实验室、土地整治与规划实验室和房地产综合实验室建设。

2010 年 6 月，海南大学第一届“南方杯”测绘技能竞赛创办，至 2019 年 12 月，共举办了十届测绘技能竞赛。

2011 年 5 月，第一届海南省高校“国源杯”课题研究论文大赛创办，至 2019 年 12 月，共举办了九届比赛。得到了海南国源土地矿产勘测规划设计院、海南明光源规划咨询有限公司、永业行海南分公司等单位的赞助支持，本赛事还获得了原国土地资源部 2017 年优秀宣传项目。

2015 年，土地资源管理系黄朝明、栾乔林晋升为教授，实现了土地资源管理系教授零的突破；2016 年，韦仕川、黎兴强、刘民培老师晋升为教授。

2018 年至 2019 年，土地资源管理系分别引进了北京师范大学的韩念龙博士、浙江大学的熊昌盛博士和南京大学的贾培宏博士，进一步充实了土地资源管理系的师资队伍。

2018 年，海南大学公共管理一级学科正式获批公共管理一级学科硕士学位授权点，土地资源管理专业作为公共管理一级学科下的二级学科，获得了土地资源管理专业二级学科硕士授权点。2019 年 9 月，土地资源管理专业硕士点正式招收了 4 名硕士研究生。

4 特色专业背景下土地资源管理专业人才培养方案的优化设计

21世纪我国高等教育进入了大众化国家的行列，培养生产、管理、服务第一线的，有一定技术的专门人才是大众化阶段高等教育人才培养的基本任务。专业是高校深入实施“质量工程”，提高人才培养质量的重要切入点和落脚点。教育部旨在通过加强部分高校特色专业建设，鼓励高校加强课程体系和教材建设，改革人才培养方案，强化实践教学，加强师资队伍建设，紧密结合国家经济社会发展需要，推进人才培养。

人才培养方案是学校实现高等人才培养目标和基本规格要求的总体设计蓝图和具体实施措施，是学校组织和管理人才培养过程的主要依据。所以，在当前教育教学改革中，设计出适合各校实际并具有特色的人才培养方案，是一项实质性的工作。教育部本科专业目录中，土地资源管理专业的培养目标为：掌握现代管理学、经济学及资源学的基本理论，掌握土地管理的基础知识，具有测量、制图、计算机等基本技能，能在国土、城建、农业、房地产以及相关领域从事土地信息技术、土地利用规划设计、地籍管理及土地管理政策法规工作的高级专门人才。

土地资源管理专业人才培养方案的优化设计应坚持以下基本思想。

(1) 符合高等教育人才培养的基本规律。

培养方案必须具有可操性，必须有利于展现学生在知识、能力、素质等方面基于个性优势的全面发展；大学生培养期间方方面面的加工过程(包括各种各样的加工活动)一定能得到有力的保障，大学生有条件、有机会主动参与加工活动，在“做”中学习和成长。

(2) 根据专业特点优化培养方案。

土地资源管理与其他管理学科显著的不同特点是不但有完善管理的理论与方法，还必须有测绘学科、计算机学科和信息学科支撑的土地资源管理技术——土地信息技术，它是一个管理学科与工程学科结合型的专业。在教育部颁布的专业介绍目录中，土地资源管理专业可授予两种学位：管理学或工学学士。各学校可根据自己的办学特色来制定人才培养方案。

优化设计包括三个方面：人才培养方案的指导思想、人才培养目标的确定、人才培养规格的优化设计。

海南大学学科建设的主要思路是：坚持以人才培养为中心，统筹抓好学位点、专业、人才、科研平台、重大项目五位一体的建设。大学的根本任务是培养人，必须坚持人才培养的中心地位，任何时候都不能偏离这个中心，因此，在加快学科建设的过程中，必须自始至终坚持人才培养的中心地位。

加强学科建设就必须加强专业建设，专业建设的出发点和落脚点都是人才培养，因此必须找准特色发展方向，将专业结构优化，人才培养优化、教学计划优化及课程体系优化等进行统筹考虑。

4.1 人才培养方案指导意见

4.1.1 指导思想

海南大学关于 2014 级本科人才培养方案的指导性意见中，遵循以下指导思想。

(1)人才培养方案要与海南大学人才培养的总体目标相一致，即以实现知识、能力、素质协调发展为原则，培养基础扎实、知识面宽、综合素质高、竞争能力强、适应性广，能够与社会经济发展相适应的复合型专门人才。

(2)坚持“三个符合”,即专业培养目标定位与本专业办学定位及专业特色相符合;专业培养目标与社会对本专业人才知识、能力和素质结构要求相符合;各教学环节、课程设置及结构体系与本专业人才培养目标、基本要求相符合。

(3)体现三个“突出”,一是突出学生学习的主体地位,扩大学生成才选择权。要加大选修课程的比例,并允许学生跨专业自主选修课程;二是突出专业核心课程,保证学生足够的专业教育。要强化核心课程的学时、学分,以满足专业人才培养所必备的知识、能力、素质的要求;三是突出学生能力素质的培养,提高社会竞争力。通过增加实践教学学分、设置创新创业训练必修学分和实施素质拓展学分制以及教学形式上试行“教师指导下的学生自主学习”等,着力培养学生的自学能力、创新能力和实践能力。

海南大学 2015 级本科人才培养方案的通知中提出以下指导思想:

坚持“三个符合”(即专业培养目标定位与本专业办学定位及专业特色相符合;专业培养目标与社会对本专业人才的知识、能力和素质结构要求相符合;各教学环节、课程设置及结构体系与本专业人才培养目标、基本要求相符合),以及体现“三个突出”(即突出学生学习的主体地位,扩大学生成才选择权;突出专业核心课程,保证学生足够的专业教育;突出学生能力素质的培养,提高社会竞争力)等基本原则。

海南大学 2016 级本科专业培养方案的指导性意见中提出以下指导思想:

(1)人才培养方案要与海南大学人才培养的总体目标相一致,培养方案以实现知识、能力、素质协调发展为原则,培养专业基础扎实、知识面宽、综合素质高、竞争能力强、适应性广,能够与社会经济发展相适应的复合型专门人才;

(2)坚持“三个符合”,专业培养目标定位与本专业办学定位及专业特色相符合;专业培养目标与社会对本专业人才知识、能力和素质结构要求相符合;各教学环节、课程设置及结构体系与本专业人才培养目标、基本要求相符合；

(3)体现三个“突出”，一是突出学生学习的主体地位，扩大学生成才选择权。要加大选修课程的比例，并允许学生跨专业自主选修课程；二是突出专业核心课程，保证学生足够的专业教育。要强化核心课程的学时、学分，以满足专业人才培养所必备的知识、能力、素质的要求；三是突出学生能力素质的培养，提高社会竞争力。通过增加实践教学学分、设置创新创业训练必修学分和实施素质拓展学分制以及教学形式上试行“教师指导下的学生自主学习”等，着力培养学生的自学能力、创新能力和实践动手能力。

海南大学2017级本科专业培养方案的指导性意见中提出以下指导思想：

(1)“四个融通”原则。应当贯彻“大学之道与大学之用相融通、通识教育与专业培养相融通、夯实基础与强化实践相融通、学会学习与学会做人相融通”的人才培养理念，构建“横向分段”与“纵向分类”的人才培养体系；

(2)“四个符合”原则。坚持为人之道与为学之道相符合；专业培养目标定位与本专业办学定位及专业特色相符合；专业培养目标与社会对本专业人才知识、能力和素质结构要求相符合；各教学环节、课程设置及结构体系与本专业人才培养目标、基本要求相符合；

(3)“三个突出”原则。突出“教学相长”意义上的师生互动，建设师生共同探究高深学问的学术共同体；突出学科基础课程与专业核心课程，确保学生具有扎实的学科基础知识与专业学习能力；突出学生创新精神与创业能力培养，提高社会竞争力，着力培养学生的自学能力、创新能力和实践动手能力。

海南大学2018级本科专业培养方案的指导性意见中提出以下指导思想：

(1)“四个融通”原则。应当贯彻“大学之道与大学之用相融通、通识教育与专业培养相融通、夯实基础与强化实践相融通、学会学习与学会做人相融通”的人才培养理念，构建“横向分段”与“纵向分类”的人才培养体系；

(2)“四个符合”原则。坚持为人之道与为学之道相符合；专业培养目标定位与本专业办学定位及专业特色相符合；专业培养目标与社会对本专业人才知识、能力和素质结构要求相符合；各教学环节、课程设置及结构体系与本专业人才培养目标、基本要求相符合。专业核心课程与主干课程必须符合教育部《普通高等学校本科专业类教学质量国家标准》和《普通高等学校本科专业目录(2012 年)》的要求；

(3)“四个突出”原则。突出学生的主体地位，以学生为主体，紧紧围绕立德树人的中心任务，着力提升本科人才培养质量；突出产出导向，主动对接经济社会发展需求，科学合理设置人才培养目标，优化课程设置，更新教学内容；突出学科基础课程与专业核心课程，确保学生具有扎实的学科基础知识与专业学习能力；突出创新精神与创业能力培养，着力培养学生的自学能力、创新能力和实践动手能力，提高学生社会竞争力。

从表 4-1 可以看出，海南大学 2014 级本科人才培养方案的指导思想主要侧重于“三个符合”及“三个突出”，重视知识、能力、素质的协调发展，面向社会人才需求，培养复合型专门人才；2015 级人才培养方案中再次重点强调“三个符合”及“三个突出”；2016 级人才培养方案指导性意见中的指导思想与 2014 级指导思想基本一致；而 2017 级人才培养方案指导性意见中重点强调“四个融通”“四个符合”及“三突出”；相比于历年来的指导思想，2017 级指导思想中增加了“四个融通”，分别是①大学之道与大学之用相融通；②通识教育与专业培养相融通；③夯实基础与强化实践相融通；④学会学习与学会做人相融通，其中“四个符合”相比于“三个符合”增加了坚持为人之道与为学之道相符合原则；2018 级指导性意见中的指导思想相比于之前的指导思想增加了一个突出原则，是指产出导向，主动对接经济社会发展需求，科学合理设置人才培养目标，优化课程设置，更新教学内容。

表 4-1　海南大学历届指导本科人才培养方案的指导性意见中指导思想对比

年级	指导思想对比
2014	强调“三个符合”及“三个突出”，以实现知识、能力、素质协调发展为原则，培养基础扎实、知识面宽、综合素质高、竞争能力强、适应性广，能够与社会经济发展相适应的复合型专门人才
2015	强调“三个符合”及“三个突出”
2016	强调“三个符合”及“三个突出”，以实现知识、能力、素质协调发展为原则，培养基础扎实、知识面宽、综合素质高、竞争能力强、适应性广，能够与社会经济发展相适应的复合型专门人才
2017	强调“四个融通”、“四个符合”及“三个突出”
2018	强调“四个融通”、“四个符合”及“四个突出”

4.1.2　基本要求

海南大学 2014 级本科人才培养方案的指导性意见中提出以下基本要求：

(1)精简课程。剔除必要性不大的必修课程，突出专业主干、核心课程。专业核心课程以教育部《普通高等学校本科专业目录和专业介绍(2012 年)》所列课程为准，如“目录”中有规定的，则不能低于其所规定的学时、学分。各学科专业基础必修课和专业必修课课程总门数合计应明显少于 2012 级相应的必修课门数和实际开设的限定选修课门效之和，大致控制在 25 门左右。

(2)压缩课堂教学授课学时。以 2012 级为基础，按全校平均 15％左右的非缩比例，设置课堂教学必公修学分(学时)。

部分课程设置“教师指导下学生台主学习”或“研究性学习”等形式的教学时，这部分内容和学时不进行课堂授课，但不改变原课程的学时、学分及考核要求。

(3)深化全校性公共课程改革。继续深化《大学英语》改革。按面分流、自选学的模式由试点专业面向全校实施。学生则在第二学期后根据其学习状况分流。部分学生继续《大学英语》课程学习,另一部分学生将根据自身需求,自主选择英语拓展类课程。全部英语课程的应修总学分也由原16学分减少到14学分。

改进思想政治教育类课程教学形式。按理论:实践=7:3的学时比例,设置64学时左右的实践教学环节。实践课采用集中与分散、校内与校外、课内与课外实践相结合的形式开展教学活动。

压缩《公共计算机基础》课程学时(由原来64学时压缩为48学时),同时强化与专业相关的计算机应用方面的必修课和选修课。

(4)加大选修课比例。各专业的各类选修课的总学分应达到30学分左右(选修课总学分较原来提高近1倍)。并允许有能力、有需求的学生跨专业选修不超过4学分的学科基础或专业课,认可作为其毕业所需的专业选修课学分。使学生能广泛涉猎不同学科领域。

(5)加强实践教学环节。单独设置的实践教学课程。

(6)加强学生的素质拓展与创新创业训练。设置大学生素质拓展学分,分不同层次规定毕业、推免研究生等所需的学分,以学分制引导学生课外活动,扩大并丰富育人的内涵和外延,打造课内课外贯通的育人平台。

开设创新训练项目、创业训练项目、创业实践项目等系列理论和实践课程,并规定学生应选修不低于3学分的此类课程方可毕业。

海南大学2015级本科人才培养方案的指导性意见中提出以下基本要求:

(1)各学院要按照“宽口径厚基础强专业”以及本通知的改革思路认真梳理2014级本科人才培养方案中所属专业的学科基础课和专业课程(特别是专业核心课程),进一步优化整合,避免课程重叠,杜绝因人设课。

(2)各学期课时分配应科学合理,密度适宜

每学期所修的课内学分一般不超过24学分,第一至第六学

期安排3—5门考试课,第七学期一般安排课内学分4—8学分。

针对人文社科类(不含艺术类)部分专业一年级学生课业负担偏轻的实际情况,除学校统一设置的公共课程外,这部分专业应适度将个别学科基础课提前,使得第一、二学期课内必修课学分满足均不得低于18学分要求。

海南大学2016级本科人才培养方案的指导性意见中提出以下基本要求:

(1)继续强化《大学英语》改革。学生在第二学期后根据其学习状况按需分流。自主选学:一部分学生继续《大学英语》课程学习;另部分学生将根据自身需求,自主选择英语拓展类课程。

(2)改进思想政治教育类课程教学形式。按理论∶实践等于7∶3的学时比例,设置64学时左右的实践教学环节。实践课采用集中与分散校内与校外、课内与课外实践相结合的形式开展教学活动。

(3)压缩《公共计算机基础》课程学时,同时强化与专业相关的计算机应用方面的必修课和选修课。

(4)加大选修课比例。各专业的各类选修课的总学分应达到30学分左右(选修课总学分较原来提高近1倍)。并允许有能力、有需求的学生跨专业选修不超过4学分的学科基础课或专业课,认可作为其毕业所需的专业选修课学分,使学生能广泛涉猎不同学科领域。

(5)加强实践教学环节。单独设置的实践教学课程理工农类专业不低于30学分,人文社会科学类专业不低于25学分;理工农类专业实验(含课内实验和单独设置的实验课)、实践教学合计学分(学时)占课程总学分(学时)不低于25%,人文社会科学类专业不少于15%。

(6)加强学生的素质拓展与创新创业训练。设置大学生素质拓展学分,分不同层次规定毕业、推免研究生等所需的学分。以学分制引导学生课外活动,扩大并丰富育人的内涵和外延,打造课内课外贯通的育人平台。

开设创新训练项目创业实成项目等系列理论和实践课程,并规定学生应选修课程方可毕业。

(7)进一步深化教学方法改革。充分利用现化化技术手段,建设网络教学课程,创新并利用引发式、案例式、讨论式、研究式的教学方法和学习方法,并将其列入人才培养方案的课程教学计划中。

海南大学 2017 级本科人才培养方案的指导性意见中提出以下基本要求:

(1)推进"通识教育"。构筑学生宽厚的人文与科学素养、创新精神与创业能力,实现"通识教育"与"专业培养"有机结合。设置"通识通选课程"模块,包括"人文通识经典课程"与"素质教育通选课程",至少修读 7 学分,列入个性课程(必选模块)。其中,"人文通识经典课程"至少修读 3 学分,48 学时;课程类别:选修课;课程性质:"人文通识经典选修课";系统简称:"通识"。开设学期:第 1—3 学期。"人文通识经典"课程以在文明史、思想史或学科史背景下讲授"经典作品"为主,一律不接受"概论"课。"素质教育通选课程"至少修读 4 学分,64 学时;课程类别:选修课;课程性质:"素质教育选修课";系统简称:"通选";开设学期:第 2—7 学期。

(2)开设《新生导学课》。课程共计 2 学分,32 学时;课程类别:必修课;课程性质:"学科基础必修课";开设学期:第 1 学期;考核方式:考查或考试;《新生导学课》列入学科基础课程模块。由各专业具有高级职称的教师担任主讲教师,可以建立教学团队,共同授课。

(3)增设《大学生职业发展与就业指导》课程。课程类别:"必修课";课程性质:"公共基础必修课",列入公共课程模块,共计 1 学分,16 学时。学校学生就业指导中心牵头成立《大学生职业发展与就业指导》课程教研室,负责课程建设与管理。

(4)加强创新创业课程建设。创新创业教育贯穿人才培养的全过程,体现在公共基础(含职业发展与就业指导)、学科基础、专业教育、社会实践等各个环节。创新创业课程类别:"选修课";课程性质:"创新创业选修课"。创新创业课程模块共计3学分,含理论课和实践课,且单独设置,列入个性课程(必选模块)。其中,《创新创业》(理论课)为2学分,32学时;《创新创业实践》为1学分。开设学期:第3—4学期。

(5)开设英语拓展课程。主要设置交际英语、英美文化以及雅思、托福培训等个性化课程以及《大学英语Ⅳ》。在第三学期末,如果学生CET-4成绩达到425分及以上,或者《大学英语Ⅱ》卷面成绩全校排名在规定比例之内(具体比例根据课程开设情况另行规定),可以在第4学期自主选择修读英语个性化课程,也可以选修《大学英语Ⅳ》,但二者必选其一。其他学生需继续修读《大学英语Ⅳ》。该课程模块列入个性课程(必选模块),共计3学分,48学时。

(6)改革《计算机公共基础》课程。将原《计算机公共基础》(3学分)与《课程设计》(0.5学分),统一设置为《大学计算机导论》课程,课程类别:"必修课";课程性质:"公共基础必修课",列入公共课程模块,共计2.5学分(理论24学时,上机16学时)。同时,鼓励教师在"素质教育通选课程模块"中开设计算机与网络知识的拓展类课程,供学生自主选修。

(7)加强实践教学。根据各学科专业特点,设置多种类型的科研训练、实习实践活动,培养学生的创新精神和实践能力;丰富与专业培养密切相关的就业创业训练,完善就业创业教育培养体系。单独设置的实践教学课程(即必修课模块的"实践教学环节"),理工农类专业不低于30学分,人文社会科学类专业不低于25学分。并且,理工农类专业实验(含课内实验和单独设置的实验课)、实践教学合计学分(学时)占课程学分(学时)不低于25%,人文社会科学类专业不低于15%。

海南大学2018级本科人才培养方案的指导性意见中提出以下基本要求:

(1)为了全面加强大学生心理健康教育,2018级开始增设"大学生心理健康教育”课程，2 学分，32 学时。课程性质：公共基础课；课程属性：必修；开课单位：学生工作处。人文社科类专业安排在第 1 学期，理工农科类专业安排在第 2 学期。

(2)设置“大学生职业发展与就业指导”课程，1 学分，16 学时。课程性质：公共基础课；课程属性：必修；开课单位：招生与就业处。

(3)设置“大学计算机导论”，2.5 学分，40 学时(理论 24 学时，上机 16 学时)。课程性质：公共基础课；课程属性：必修。鼓励教师在素质教育通选课程模块中开设计算机与网络知识的拓展类课程，供学生自主选修。

(4)设置“新生导学课”，2 学分，32 学时。课程性质：学科基础课，课程属性：必修；开设学期：第 1 学期；考核方式：考查或考试；“新生导学课”列入学科基础课程模块。

(5)设置创新创业课程，3 学分，含理论课和实践课，且单独设置，“创新创业”(理论课)为 2 学分，32 学时；“创新创业实践”为 1 学分，1—2 周。课程性质：创新创业课；课程属性：选修。开设学期：第 3—4 学期。创新创业课程列入个性课程(必选模块)。

(6)推进通识教育。构筑学生宽厚的人文与科学素养、创新精神与创业能力，实现“通识教育”与“专业培养”有机结合。设置通识通选课程模块，包括“人文通识经典课程”与“素质教育通选课程"，至少修读 7 学分列入个性课程(必选模块)。其中，人文通识经典课程”至少修读 3 学分，48 学时；课程性质：人文通识经典课；课程属性：选修。开设学期：第 1—3 学期。“素质教育通选课程”至少修读 4 学分，64 学时；课程性质：素质教育通选课；课程属性：选修；开设学期：第 2—7 学期。

(7)开设英语拓展课程，至少修读 3 学分，48 学时。课程性质：英语拓展课：课程属性：选修。主要设置交际英语，英美文化以及雅思、托福培训等个性化课程以及“大学英语 V”。在第 3 学期末，如果学生 CET—4 成绩达到 425 分及以上或者达到学校另行规定的要求，可以在第 4 学期自主选择修读英语个性化课程，也可以选修“大学英语 IV”，但二者必选其一。其他学生需继续修读“大学英语 IV”，该课程模块列入个性课程（必选模块）。

（8）加强实践教学。根据各学科专业特点，设置多种类型的科研训练、实习实践活动，培养学生的创新精神和实践能力；丰富与专业培养密切相关的就业创业训练，完善就业创业教育培养体系。单独设置的实践教学课程（即必修课模块的“实践教学环节”），专业实验（含课内实验，单独设置的实验课）、实践教学合计学分（学时）占课程学分（学时）比例，土管专业原则上不低于 2.0%。

从表 4-2 可以看出，2014 级指导性意见中具体要求侧重于课程的精简，给学生更多的自主选择权，重视学生的素质培养以及实践教学；2015 级人才培养指导意见具体要求中则是强调优化整合学科及专业课程内容，合理分配各学期的学时；2016 级人才培养方案指导性意见具体要求，考虑学生学习需求，进一步加大选修比例，重视创新训练和实践项目；2017 级指导性意见中具体要求中首次提出“通识教育”，并增设了《新生导学课》、《大学生职业发展与就业指导》，将《计算机公共基础》与《课堂设计》合并为《大学计算机导论》；2018 级指导性意见基本要求中提出增设《大学生心理健康教育》，并单独设置实践教学课程，更加注重实践学习。

表 4-2　海南大学 2014 级—2018 级指导本科人才培养方案的指导性意见

年份	基本要求对比
2014	提出①精简课程②压缩课堂教学学时③加大选修课比例④加强实践教学环节⑤加强学生素质拓展与创新创业训练⑥开展灵活多样的人才培养。
2015	强调①进一步优化整合学科基础课和专业课程，避免课程重叠②各学期课时分配应科学合理，密度适宜。
2016	提出①按学生学习需求选择及扩展相关课程②压缩《公共计算机课堂学时》③实践课采用课内外相结合多样化形式开展④加大选修比例⑤加强实践环节⑥开展创新训练、实践项目。

续表

年份	基本要求对比
2017	提出①通识教育，实现“通识教育”与“专业培养”有机结合②开设《新生导学课》③增设《大学生职业发展与就业指导》④开设英语拓展课⑤将《计算机公共基础》与《课堂设计》融合为《大学计算机导论》⑥加强实践教学。
2018	①增设《大学生心理健康教育》②推进通识教育③加强实践教学，开展多样性科研训练、实习实践活动，单独设置实践教学课程。

4.1.3 课程体系

海南大学本科人才培养方案的课程体系由公共课程、学科基础课与专业课程、个性课程、实践教学环节四大部分构成。其中公共课程、学科基础课与专业课程、个性课程为课内学分(学时)，实践教学环节为课外学分(学时)。

(1)公共课程。公共课程为必修课，为全校各专业统一修读的课程。主要有思想政治教育类(4门)、大学英语、体育、计算机公共基础、军事理论等课程。

(2)学科基础课与专业课程。学科基础课与专业课为必修课。学科基础课由学科或专业大类中共同的基础课程构成，为专业课程的学习基础；专业课为学生掌握专业知识和技能所需的课程，为本科专业教育的核心构成部分。学科基础课与专业课程的学分大致参考2∶3的比例设置。

(3)个性课程。个性课程为选修课，学生可以根据自身兴趣、能力按要求进行选修。个性课程分为专业选修课类、英语拓展课类、创新创业类、文化素质教育类等四类。

(4)实践教学环节。实践教学环节为必修课，包括军训、社会实践(调查)、课程设计、毕业论文(设计)、各类实习及其他实践活动。

海南大学2014级本科人才培养方案的课程总学分为170学

分左右，公共课程、学科基础课与专业课程、个性课程、实践教学环节四部分比例大体为22％、45％、18％、15％。

海南大学本科人才培养方案的课程体系自2015级起全面实施《大学语文》课程改革，各专业不再设置《大学语文》课程，替而代之的是作为“个性课程”的“传统与现代经典选读”系列课程，课程总学时仍保持170学分左右。公共课程、学科基础课与专业课程、个性课程、实践教学环节四部分比例大体为20％、45％、20％、15％。

海南大学2016级本科人才培养方案中提出课程总学分为170学分左右，其中公共课程、学科基础课程、专业课程、个性课程四部分比例大体为19％、44％、19％、18％；2017级人才培养专业方案特别设置“大学生素质拓展学分”（课外学分），要求和鼓励学生自主参加各种有助于提高自身综合素质的课余活动。公共课程、学科基础课与专业课程、个性课程、实践教学环节、大学生素质拓展学分五部分分别占比22％、43％、18％、15％、1.8％。

2017级本科人才培养方案中提出课程总学分为170学分左右，公共课程、学科基础课与专业课程、个性课程、实践教学环节、大学生素质拓展学分五部分比例大体为23％、42％、18％、15％、1.8％。

根据海南大学自2015－2018级的人才培养指导性意见中的课堂体系分析，由于2015级开始将《大学语文》课程替换为“个性课程”，在2014级的基础上增加了个性课程的学分，而减少了公共课程的学分；2016级在2015级的基础上增加了公共课程的学分，减少了学科基础与专业课程的学分；2017级开始增设了大学生素质拓展，于2016级的基础上公共课程的基础上增加了3个学分，分别减少了3学分的个性课程、学科基础课与专业课程；2018级相对于2017级来说，在公共课程上增加了2学分，减少了2学分的学科基础课与专业课程。具体内容见表4-3。

表 4-3 海南大学历届指导本科人才培养方案的指导性意见中课程体系对比

课程类别		2014 年	2015 年	2016 年	2017 年	2018 年
课内	公共课程(必修)	36	33	33.5	36.5	38.5
	学科基础课与专业课程(必修)	74	74	73.5	70.5	68.5
	个性课程(选修)	30	33	33	30	30
	小计	140	140	140	137	137
课外	实践教学环节(必修)	25	25	25	25	25
	大学生素质拓展学分	/	/	/	3	3
	小计	25	25	25	28	28
课程总学分		165	165	165	165	165

4.2 土地资源管理专业人才培养目标的确定

人才培养目标有其社会制约性和价值取向。社会制约性是指人才培目标受社会各种因素的影响,而价值取向是指从事教育的主体对教育价值的一种选择倾向,如在对待共性与个性问题上,是强调共性还是强调个性;就个人发展而言,是强调知识积累还是能力、素质的培养;就社会需要来说,是注重经济效益还是注重社会文化效益等。

经过近二十年的建设和发展,海南大学土地资源管理是依托于海南大学传统优势学科测绘学科发展起来的;同时由于海南大学是热带农业大学,具有明显的热带农业特色,这也奠定了海南大学土地资源管理专业形成热带农业办学方向特色的基础。目前本学科主要发展为包括土地资源管理、资源环境与城乡规划、地图学与地理信息系统、环境科学、环境工程多学科、多专业协同发展的模式,符合现代土地资源管理、全球化、可持续发展一体化研究的要求,与科研、教育国际化接轨。

考虑到海南大学办土地资源管理的特色和优势,结合专业本身的特点,从提高学生综合素质、增强适应性的角度出发,从培养能够适应社会发展、顺应现实需求的方向来确定人才培养目标。因此主要考虑以下几个方面：

(1)宽知识和厚基础

—基本理论知识，如高等数学、线性代数、英语、计算机公共基础等；

—人文知识，如中国近代史、马克思主义基本原理、毛泽东思想与中国特色社会主要理论体系概论等；

—管理科学知识，如管理学原理等；

—专业知识，如城镇发展规划、房地产经营管理、土地法学、测量与地籍测量学等；

—专业应用知识，如房地产投资与评估、城乡规划与管理、遥感技术与应用等。

(2)强能力

—综合专业能力，如进行各种测量与绘图，对数据的获取、分析、处理、应用等；

—使用计算机的能力，如利用 3S 软件进行分析、处理数据等；

—管理能力，如组织活动、能胜任土地管理方面的相关工作；

—语言表达能力，包括中文、英文的阅读、写作能力和口语表达能力；

—自学能力，具备不断获取新知识，适应社会进步和科学技术发展的能力；

—社会能力，如与人打交道、吃苦耐劳、协作公关等。

(3)高素质

—能较好地将理论应用于实践；

—能正确而有效地开展工作；

—能与他人友好合作；

—有很强的责任心和事业心；

—能坚定而勇敢地面对困难和问题。

4.2.1 房地产投资与评估

房地产专业人才作为是现今社会上比较急需的专门人才，我国的房地产市场起步较晚但发展迅速，相关人才的培养却相对滞后。因此，为了能够满足社会对专门人才的需求，本专业适当地增加了房地产营销、房地产营销实务、房地产经纪、房地产会计、房地产估价、房地产经营管理等相关课程，以增加学生从事房地产工作的需要。培养目标面向房地产开发、投资、评估、金融等公司，能胜任房地产经纪、经营与管理、投资、行政管理等一线岗位，掌握房地产经纪、营销、估价等业务，培养有职业生涯发展基础的高素质技能型房地产专业人才。

4.2.2 资源与信息

现代社会是信息化的社会，信息系统的应用在许多的领域都很广泛，为了使学生具备基本的信息化社会适应能力，我专业开设了土地信息系统、自然地理学、地图制图学、测量与地籍测量学、地理信息系统、GPS 原理与应用、AutoCAD、建筑工程制图、3S 技术及其应用、遥感技术与应用等 10 多门课程。本专业培养目标定位为适应社会主义现代化建设需要，德智体美全面，具有地面测量、摄影测量、GPS 定位技术、地理信息系统以及地图编制等方面的理论知识，能在国民经济各部门从事国家基础测绘、城市和工程建设测量、地图与地理信息系统的应用与开发等领域从事测绘及其信息处理工作的高级专门人才。

4.2.3 土地整治与规划

随着土地整治实践工作的逐步深化，国家对土地整治专业人才的需求不断加大，对土地整治从业人员所具备的知识体系、结构及能力提出了新要求，因此土地整治专业人才的培养工作非常紧迫。本专业主要着重于培养学生在土地利用规划、土地整理设计、城市空间规划等方面的实践能力，海南大学开设了土地利用规划、土地整理设计、城市空间规划、区域规划、地基与基础、土地资源学、地籍管理等课程。培养目标定位为具有资源学、土壤学、生态学及管理学基本理论，掌握土地整治基本理论与方法，具备咨询、规划、设计、3S技术应用等基本技能，能在国土资源、城乡建设、农业、水利等部门及行业从事土地整治的高层次、复合型人才。

4.2.4 综合性

海南大学公共管理专业按照“1.5＋2.5”模式进行大类培养，前1.5学年按照大类开展必修课教学，后2.5学年实行专业分开培养。公共管理类专业旨在培养与时代精神相适应的公共管理理念，与创新公共管理相适应的理论素养，与社会需求相适应的专业技能，能胜任党政机关、企事业单位、社会组织和其他公共组织管理工作岗位的复合型、应用型和创新型的多层次公共管理专业人才。

土地资源管理是一个集文、理、工于一体的边缘交叉学科，宽知识是不言而喻的。因此，与本专业相关的管理、经济、法律、技术等方面的知识都必须有，海南大学的宽知识特色主要体现在土地管理技术和土地管理实务方面，如土地信息系统、地籍测量、土地规划、土地评价、地籍管理、建设用地管理等；2000年合校后，加强土地管理的理论方面的培养，如行政学、行政法、公共管理学、公共政策学等。

有鉴于此，海南大学特色专业背景下土地资源专业人才培养目标确立为培养德、智、体全面发展，具备资源学、现代管理学、经济学、测绘学及土地规划的基本理论，掌握土地资源管理和房地产经营与管理方面的专业知识，具有规划、测量、地图制图、地理信息系统、遥感、计算机应用等创新技能，具有科学的思维方法和实践能力，能在国土、城建、农业、房地产以及相关领域从事土地信息技术、土地调查与评价、土地利用规划设计、不动产估价、房地产开发经营、房地产经纪及土地管理政策法规等工作，能适应科技发展和社会主义市场经济建设需要的高级复合型、应用型人才。

4.3 人才培养规格的优化设计

海南大学土地资源管理专业的培养规格包括知识要求、能力要求、素质要求三个部分，2016 年海南大学土地资源管理开始并入公共管理大类招生，学科导向、培养目标以及培养模式都有着较大的改变，在培养方案中以 2016 年并入公共管理大类招生为中间节点，每两年就会对培养规格的相关内容进行修改完善，以此来对专业学生的培养模式、专业发展方向进行不断调整与修正，打造海南大学土地资源管理专业的特色，在本节之后的对比分析中，也将分成 2014－2015、2016－2017、2018 三个时间段进行综合比较。

4.3.1 知识要求

2014 与 2015 年培养方案中，海南大学要求土地资源管理专业学生熟练掌握土地管理领域的基本理论、基本知识等:(1)掌握土地资源学、管理学、经济学的基本理论和方法，了解学科专业的一般原理和知识，接受良好的科学思想和科学实验的基本训练；(2)掌握土地资源调查与评价、土地整理、土地利用规划、地籍管理、土地评估、土地信息系统应用及土地开发经营技术的相关理论知识；(3)熟悉国家有关土地利用与管理及可持续发展方面的方针政策和法规；(4)熟悉房地产经营管理的基本理论；(5)了解社会经济发展过程中土地利用与管理的发展动态。

2016 与 2017 年培养方案中，海南大学要求土地资源管理专业学生具有与时代精神相适应的公共管理理念，与创新公共管理相适应的理论素养，并熟悉掌握以下理论知识:(1)熟悉掌握资源学、现代管理学、经济学、测绘学及土地规划的基础理论知识；(2)掌握土地资源管理和房地产经营与管理方面的专业知识;(3)熟悉房地产经营管理的相关理论与方法;(4)熟悉国家有关土地利用与管理及可持续发展方面的方针政策和法规;(5)了解专业、行业发展前沿理论知识;(6)深刻理解我国土地及房地产市场发展特点及趋势。

2018 年的培养方案中,随着对公共管理大类的熟悉与掌握,对土地资源管理专业培养方向与培养目标的明确,在知识要求上也进行了调整:(1)掌握公共管理学、管理学、经济学、政治学、法学等方面的基本理论和分析复杂公共事务所需要的基础知识;(2)具有时代精神、创新精神的公共管理理念,并能切合国家及社会需求的理论素养;(3)具备基本的思想政治理论知识;(4)掌握土地科学等相关专业的基础知识;(5)了解国内外土地科学理论与实践的历史与现状,并熟练掌握一门外语;(6)熟悉党和国家有关的方针政策;(7)掌握中外文献检索、资料查询的基本方法,学习有关土地规划、土地资源评估等相关领域的理论知识。

通过以上三个阶段知识要求的对比可以发现,其内容从中观到宏观、从技术操作到理论管理,在 2014 与 2015 年的培养方案中着重强调技术的重要性,且其应用面主要在土地资源开发管理和房地产经营管理层面;到 2016 与 2017 年的培养方案中开始增加公共管理思维,明确了学科针对的是普遍性的公共管理事务,扩大了专业的应用面以及优化了解决问题的方法论;2018 年的培养方案中,进一步对公共管理元素进行补充完善,在知识要求中首次增加政治学、法学的知识理论素养,并对学生的思想政治理论水平进行了规定,所掌握的知识所需面向与解决的问题也逐步由土地领域转为了复杂公共事务管理领域,在视野格局上也不仅着眼于国内的相关法律法规,还要求学生了解国外的相关土地科学理论与方法,因此在这三个阶段,无论是在学科定位、专业倾向、知识针对性还是视野格局等方面都有了长足的进步,其变革与创新对打造海南大学土地资源管理专业特色起着举足轻重的作用。

4.3.2 能力要求

2014年与2015年培养方案中，海南大学要求土地资源管理专业学生在学习土地管理的基本理论、基本知识后要求掌握以下几种专业能力：(1)具有扎实的土地管理和房地产经营管理等方面的专业技能；(2)具有信息获取及处理、自主学习、提出问题、分析问题、解决问题的基本能力和开拓精神；(3)具备较强的从事本专业业务工作能力和适应相近专业业务工作的基本能力和素质；(4)能阅读专业英语文献，实行大学英语四级统考成绩和学位挂钩的方法，能熟练使用计算机；(5)具有土地利用与管理方面的基本能力，能够应用现代计算机技术、测绘和遥感技术从事土地资源调查、动态监测以及日常管理；(6)具备在房地产开发企业从事房地产开发及经营管理工作，以及到社会中介行业从事土地、房地产等价格评估工作的能力；(7)掌握资料查寻和文献检索的方法，具有初步的科学研究和实际工作的能力。

2016—2017年培养方案中，在原土地资源管理专业体系中加入公共管理元素，在目标上要求做到能胜任党政机关、企事业单位、社会组织和其他公共组织管理工作岗位的复合型、应用型和创新型的多层次专业人才，并要求具备以下能力：(1)具有规划、测量、地图制图、地理信息系统、遥感、计算机应用等创新技能；(2)具有科学的思维方法和实践能力，能在国土、城建、农业、房地产以及相关领域从事土地调查与评价、土地利用规划、地籍管理、不动产估价、房地产开发经营、房地产经纪及土地管理政策法规等工作；(3)具有较强的实践能力与创新精神；(4)具有土地利用与管理方面的基本能力，能够应用现代计算机技术、测绘和遥感技术从事土地资源调查、动态监测以及日常管理的能力。

2018年培养方案中，要求本专业学生在具备公共管理知识、相关专业知识的基础上充分发挥学科特色，为社会公共管理与土地治理、管理服务，要求掌握以下能力：(1)具有规划、测量、地图制图、地理信息系统、遥感、计算机应用及创新等技能；(2)具有科学的思维方法和实践能力，能在国土、城建、农业、房地产以及相关领域从事土地管理政策法规等工作，具有较强实践能力与创新精神；(3)具备运用现代技术手段进行调查分析和实际操作的能力；(4)掌握现代管理和计算机应用能力；(5)掌握土地利用规划、计算机制图、土地信息系统应用、房地产估价、房地产投资分析技能；(6)通过相关实践机会，掌握测绘、遥感现代测量技术，并具备一定的政策研究与实际工作能力。

通过以上三个阶段培养方案对于能力要求的梳理，可以发现，对于如规划、测量、地理信息系统、地籍管理等专业的核心技术内容都强调最多，优先级最高的，不随学科倾向、教学培养模式的改变而改变，这是土地资源管理资源的技术内核，也是每一个毕业的学生都需要掌握的必备技能。但在 2014 与 2015 年培养方案中相对较为笼统的内容，在之后的两个阶段中都进行了更为详细的要求，如对专业技能具体到掌握土地信息系统开发研究、房地产估价分析等专业技能；对解决问题能力与开拓精神具象到具有规划、测量、遥感等技能；对专业就业导向具体到国土、城建、农业等相关领域。除此之外，与知识要求相同，在技术要求的面向上加入了公共管理元素，要求毕业生具有更大的格局与更广的社会视野，在解决问题的方式方法上添加了管理、政治、行政等人文性方法要素，极大地提升了专业的包容性与应用性，从中也可以发现海南大学土地资源管理专业从原来的技术专精性专业向综合性专业进行转变。

4.3.3 毕业学分要求

在课程体系中，某一类型、门类课程学分的多少，直接决定了其在整个教学体系中的地位，而对于学科基础课、专业必修课、专业选修课这种课程组团，其总学分的分配要求变化也反映出了专业培养的模式化程度与灵活性，对于专业中人才培养的稳定性以及人才培养的最终结果起着尤为关键的作用。

2014年培养方案中，海南大学土地资源管理专业要求学生毕业所需学分包括课程总学分和大学生素质拓展学分，共计165学分，其中课程总学分共162学分，其中课内必修课应修满107.5学分，其中公共基础必修课应修满36.5学分，学科基础必修课应修满41.5学分，专业必修课应修30学分，选修课不少于31学分，其中专业选修课不少于16学分，文化素质教育选修课不少于6学分，其中“传统与现代经典选读”课修3学分，英语拓展选修课不少于6学分，创新创业课不少于3学分，实践教学环节应修26学分。

2015年培养方案中，海南大学土地资源管理专业要求学生毕业所需总学分166学分，课程总学分共163学分，其中课内必修课应修105学分，包括公共必修课33.5学分，学科基础必修课应修41.5学分，专业必修课应修30学分。课内选修课不少于32学分，其中专业选修课不少于16学分，文化素质教育选修课不少于7学分，其中“传统与现代经典选读”课修3学分，英语拓展选修课不少于6学分，创新创业课不少于3学分，实践教学环节应修26学分。

2016年培养方案中，海南大学土地资源管理专业要求学生毕业所需总学分167学分，课程总学分164学分，其中课内必修课应修104.5学分，包括公共必修课应修33.5学分，学科基础必修课应修36.5学分，专业必修课应修34.5学分。课内选修课不少于34学分，包括专业选修课至少18学分，文化素质教育选修课至少7学分，其中“传统与现代经典选读”课修3学分，英语拓展选修课不少于6学分，创新创业课不少于3学分，实践教学环节应修26学分。

2017年培养方案中，海南大学土地资源管理专业要求学生毕业所需总学分161.5学分，其中课程总学分共158.5学分，其中课内必修课应修100学分，包括公共必修课36.5学分，学科基础必修课应修35学分，专业必修课应修28.5学分。课内选修课不少于33学分，其中专业选修课不少于20学分，人文通识经典课程至少 3 学分,素质教育通选课程至少 4 学分,创新创业课程至少 3 学分,英语拓展课程至少 3 学分,课外实践教学环节应修 25.5 学分。

2018 年培养方案中,海南大学土地资源管理专业要求学生毕业所需总学分 164.5 学分,其中课程学分共计 161.5 学分:(1)课内必修课应修 107.5 学分,包括公共必修课应修 38.5 学分,学科基础必修课应修 35 学分,专业必修课应修 34 学分;(2)课内选修课程(个性课程)不少于 31 学分,包括专业选修课程至少 18 学分;人文通识经典课程至少 3 学分,素质教育通选课程至少 4 学分,创新创业课程至少 3 学分,英语拓展课程至少 3 学分,实践教学环节 23 学分。

表 4-4　海南大学历届指导本科人才培养方案的课程学分一览表

课程类型	2014	2015	2016	2017	2018
公共必修课	36.5	33.5	33.5	36.5	38.5
学科基础必修课	41.5	41.5	36.5	35	35
专业必修课	30	30	34.5	32.5	34
专业选修课	16	16	18	17	18
文化素质教育选修课	6	7	7	7	7
英语拓展选修课	6	6	6	3	3
创新创业课	3	3	3	3	3
课外实践教学环节	26	26	25.5	25	23
小计	162	163	164	159	161.5

通过以上学分对比表可以发现,其总学分的分值稳定在一定水平,波动较小,即对学生所要求掌握的总的知识数量保持相对稳定,仅存在内容上的改变与方向上的倾斜。如学科基础必修课在 2016 年土地资源管理专业并入公共管理大类招生后下降了 5 个学分,其主要原因在于课程性质的变化,在未招生改革前,土地资源管理的学科类型更倾向于理工科,在涉及测量、土地信息系统操作应用较多的情况下,对于数理的逻辑思维能力要求较高,

因此在学科基础必修课上对数学、经济学等都占有较高的比值,而随着培养模式的转变,学科发展类型也向综合性学科倾斜,对于数理思维要求下降,更加强调公共意识、管理方法等思维逻辑,在课程和学分的设置上降低了数学的门类与学分要求,部分原土地资源管理方向的学科基础必修课其课程性质也更改为专业必修课,除此之外,受此影响而变化较大的表现为课外实践教学环节学分的减少,意味着未来专业的发展将增加理论内容、剥离部分实践内容。与此同时,专业课程包括选修课、必修课的学分都在逐步增加,而英语拓展选修课于 2017 年由 6 分减半为 3 分,进一步印证了专业发展偏向于理论化、公共管理化的发展,其面向更加注重于专业的基础理论知识,对口面向也青睐于国内的公共管理事务,因而适当降低英语拓展选修学分。

参考文献

[1]海南大学 2014 级本科培养方案[R]. 海南:海南大学教务处,2014 年 9 月.

[2]海南大学 2015 级本科培养方案[R]. 海南:海南大学教务处,2016 年 3 月.

[3]海南大学 2016 级本科培养方案[R]. 海南:海南大学教务处,2016 年 10 月.

[4]海南大学 2017 级本科培养方案[R]. 海南:海南大学教务处,2017 年 9 月.

[5]海南大学 2018 级本科培养方案[R]. 海南:海南大学教务处,2018 年 9 月.

[6]海南大学 2019 级本科培养方案[R]. 海南:海南大学教务处,2019 年 10 月.

5　特色专业背景下土地资源管理专业教学计划的优化设计

在总结国内外土地资源管理专业人才的特征，研究国家和社会对土地资源管理专业人才知识结构和技能的要求基础上，一方面，基于土地资源管理专业学生培养目标，从教学计划、必修课程和选修课程、专业基础课程群、专业核心课程群和专业实践课程群、理论教学和实践教学项目的设置等方面深入全面地研究和制定方案，进行系列相关课程体系的改革与建设；加强师资队伍建设、改革教学内容与方法、加强实验教学中心建设及实践教育基地、强化实践项目依托、加强管理，协调系列课程之间课程内容的关系，使得所构建课程体系中理论教学与实践教学之间具有相互依存、相互促进的一体性，以及自成系统的独特性关系，并将该课程体系付诸实践，使培养出的人才适应社会对土地资源管理专业人才知识结构和技能的需求。另一方面，由于近年来，国内各个高校从不同层面开展教育教学改革，从招生模式到教学模式，不断有新的改革模式从试点到全面推开，其中“大类招生、分流培养”的招生模式成为很多高校教学改革的新尝试。高校招生模式的改变，使得囿于专业的教师教学模式需要进行变革，以适应形势变化所带来的挑战。

土地资源管理科学是一门自然科学、社会科学和工程技术于一体的综合性科学，是在传统的地学、生态学、经济学、法学和工程技术等学科基础上发展起来的一门新兴交叉学科。

在土地资源研究方向上，以研究区域土地资源的发生发展和时空变异规律为纽带，从中探讨土地系统内部各构成要素间以及土地与环境间的关系等基础理论，并始终将这些基础理论研究与区域土地资源评价和规划，因地制宜合理开发、利用和保护土地的生产实践相接合。

在土地资源管理研究方向上，研究土地与人类社会经济发展之间的关系及其社会发展对土地利用的效应；研究土地资产的本质、特性以及与社会主义市场经济相适应的土地价值理论、产权理论、土地用途管制制度等。

在土地管理信息技术研究方向上，将遥感、现代测绘技术与地理信息系统、数据库技术集成整合应用于土地管理：土地利用变化监测技术体系、土地资源与土地利用状况信息系统、专项土地管理信息系统，如：城镇地籍管理信息系统、城镇土地分等定级估价信息系统、农用地分等定级估价信息系统、土地整理项目管理信息系统等。

5.1 教学计划优化设计的指导思想

土地资源管理专业的教学计划优化设计的指导思想分以下四个层次。

5.1.1 教学计划要体现国家的需求，面向世界

教学的目的在于培养人才，在于推动国家综合国力的建设，教学计划的制定与优化，尤其课程体系的建立，必须体现这一思想。土地资源管理专业教学计划的制定必须契合党和国家的人才需求导向，需依据教育部高等教育司颁布的普通高等学校本科专业目录和专业介绍中对“土地资源管理”专业的业务培养目标、业务培养要求、毕业生应获得的知识和能力、土要课程、主要实践环节作了规定，这就是我们制定教学计划的纲领，它即有原则又蕴含了灵活性；各高校可根据自身的师资力量，教学专长侧重以及对专业的理解与技术特长来组织课程体系，确定课程内容、科目、学分及修读类型。根据其办学特色和教学改革成果，借鉴国内外先进的教学改革经验和管理模式，积极、稳妥地制定好教学

计划,这是培养特色和创新人才的关键。

5.1.2 教学计划制定需遵循教学的基本规律

土地资源管理专业的基础课、专业课、选修课和必修课的设置要以遵循本专业业务培养目标,业务培养需求,毕业生应获得的技能特长为前提条件,再根据院校特色进行优化设计。以海南大学为例,经济学、地图学、测量学技术所安排的学时、学分较多,且内容侧重于理论分析,其宗旨在于在理科专业中融入工科特长,保持理学的基本框架,坚持理学教育基本原则,保证理学教育的基本理论,注重学生发现问题、提出问题、解决问题等理论分析、探索分析能力培养的同时,提高其实践动手能力,在专业学习上更贴近于现实生活。

5.1.3 教学计划设置充分体现整体优化和宽厚基础原则

不同的课程体系,学分分配及课程类型配比,对教学培养结果将产生截然不同的影响,科学处理好高校学科优势、建设侧重于专业特色,有机衔接教学、应用、实践等环节间的关系,明确本科与研究生的教育培养目标以及各层次间知识的衔接。按照既定的培养目标和学生应掌握的知识和能力要求,建设立足实际、紧密配合的相互联系的课程体系。在注重英语、数学、计算机等基础课程建设的同时,也应强化对于理论、技术导向类课程的配置,在加强学生抽象和逻辑思维能力培养的同时,提高其动手实践能力,为学生的综合素质提高建立良好的基础,促进其向复合、综合型人才转变。

5.1.4 教学计划要体现理论与实践良好的整合关系

在注重综合素质培养的现代教育中,在掌握理论知识的同时,更强调对技术的实践运用。在学生的技术素质培养中,实践教育起着尤为关键的作用，特别是土地资源管理这种理论与技术关联性强的专业，参观性实践无法达到理想的效果，没有足够的实践时间，达不到实践的效果；没有多种技能的实践，能力和特色的培养是有缺陷的。各高校可根据自身优势，在实践教学中，强化技术与理论的关系，基本实现实践教育与科研和实践的有机结合，丰富实践教育内容、方法和途径。在实践教育中，优化理论课程结构，改善教学方法，平衡课内与课外学时，加强课外实践指导，为学生的自立学习和独立思考留足时间与空间，提高其社会责任感和实际动手能力，增强其综合素质，学生毕业就业时对知识和技术有信心，有竞争实力，达到工作岗位对技术与研究能力的要求。

5.2 教学计划优化设计的原则

5.2.1 科学性原则

科学性原则是教学计划优化设计的核心，它不仅取决于科学研究的自身规律，还需契合教育、教学与发展的规律，优化设计的教学计划形式上是课程学时及其教学环节的排列组合，但究其内在则是科学上的内在统一。

任何学科的发展建设都不是单一、孤立的，它们都具有各自的层次、结构和发展规律。教学计划的设计，一方面需以人类认识客观世界的发展规律为基础，另一方面也要遵循学科的层次、结构和发展规律。所以教学计划也就具有特有的系统、层次和结构。该层次结构，不是链条式的线性结构，而应以学科为主干，课程（包括实践教学环节）为支点，依靠各课程之间的联系和学生的特点，通过各个环节形成纵、横、倾等多维交织的非定向的主体结构。作为专业的教学计划，尽管专业范围和培养目标是一致的，但由于不同高校的学科建设侧重点不同，教学导向不同，并受到社会对人才的需求、教育者的素质和受教育者的兴趣爱好、可塑性等影响而各有不同。因此，对受教育对象的教育设计方式、培养规模和发展方向等也不能单一。不同类型、学科的教学计划的区别，在于某一主干课程、理论实践的配比在该教学计划体系结构中所占位置的重要程度，以及各学科课程支点之间结合力的大小。因此在优化教学计划中必须围绕主干课程，突出主干学科，围绕主干课程进行增砖添瓦、平衡有序发展。

5.2.2 适应性原则

教学计划的适应与否对教学的效果将产生直接影响。适应性是教学计划的出发点与落脚点，在我国实施市场经济的今天，教学计划的优化设计必须结合学科性质、市场经济特点，增加市场信息、经济学等方面的学科知识，同时随着房地产业的繁荣与危机，也需增加土地资源管理专业的专项分析与危机防范要素。除此之外，教学计划的优化设计，还必须考虑现实世界中的物质基础、社会群众的受教育水平与觉悟程度、传统思想和习惯方式等。因此，在教学计划优化设计中，专业范围、培养目标和规格要求，要着眼于未来对人才的需要及其发展，使课程设置和教学环节的安排，以实际可能为基础，争取大幅度改良教学效果。

5.2.3 整体性原则

教学计划是一个完整、不可分割的有机整体。教学计划的优化设计首先要考虑其内在的整体性优化，然后才是局部优化。因为，一个专业的最优教学计划，是依据本专业的专业范围，专业特点、专业结构、服务对象，以及培养人才的最佳知识结构和能力结构、培养规格和专业发展趋向而精心设计的，它规定了培养人才的规格和范围，决定了教学的目的、要求、内容、方式和途径。因此，教学计划中的局部优化应服从整体优化，受整体优化的限制和制约。同时，局部优化又服务于整体优化，保证教学计划整体优化的实现，总而言之，教学计划的整体性优化应该是第一位，局部性优化为第二位，决不可忽视。

5.2.4 相对性原则

在教学计划的优化设计中的各个环节是相对的，并非绝对，即所谓的相对性原则，它随着不同时代、社会需求和科学技术水平的发展而发展，随着人们的逐步实践和认识水平的不断提高而逐步完善。因此当考虑教学计划的最优化，或者设计一个最优化的数学计划时，必须建立在客观存在的物质基础条件之上，只有这样才能在最低能输出的条件下，达到最高的物质或精神的效益，达到学生综合素质全面发展的要求。

5.3 教学计划的横向比较分析及其优化

土地资源管理专业是一个多学科支撑的交叉专业，专业内容以经济学、法学、管理学、土地资源学为基础，以规划学、地理信息技术和测绘技术为手段的多学科紧密联系的新兴学科，具有经济管理、法律和工程技术三方面的学科性质。接下来选取学科范围内学科、院校综合实力皆强劲的浙江大学进行横向对比，以 2017 年为基准，从专业培养要求、学科课程体系、实践教学环节三个方面进行比较，以说明海南大学根据自己的优势和特色，用自然科学方法，走社会科学道路，“工管结合”的学科定位，符合海南大学土地资源管理专业的总体办学思想。

5.3.1 培养要求对比分析

培养要求是各高校根据其培养目标，结合自身办学条件、学科专长以及社会需求所确定的，是教学计划制定的依据以及指导性条例，课程类型，学分学时分配都需按照其目标而制定，对本专业学生毕业时所需具备的知识与技能有着详细的阐述。2016 年海南大学土地资源管理专业整合公共管理大类招生，转变为“1.5

+2.5”的培养模式后，在培养要求上也加入了公共管理的元素，要求具有与时代精神相适应的公共管理理念，具备土地调查、土地利用规划等技术、土地利用管理等能力，熟悉房地产开发经营等基本理论与实践技能，其涉及评估、规划、地理信息技术、公共管理、测量等多个方面，内容繁多复杂，但相较于武汉大学与浙江大学缺乏培养侧重，较宽泛且不具体（表 5-1）。武汉大学要求本专业学生在掌握土地管理的基本知识和理论的基础上，掌握测绘、遥感、计算机技术、3S 技术，具有从事地籍测量、土地利用规划、土地信息系统开发及研究等技术工作能力，其重点在于地理信息知识与技术的培养；浙江大学要求本专业学生掌握土地管理相关理论与法律法规、熟悉土地管理的科学分析方法，具备土地测量、规划、空间信息处理以及土地整治的相关技能等，在培养上侧重于土地管理政策与法规的治理，强调治理管理思维，而非测算、分析方法。

表 5-1　高校培养要求比较表

学校	培养要求
海南大学	掌握土地资源调查与评价、土地利用规划、地籍管理、土地信息系统应用、土地开发经营、测绘、遥感、房地产评估及开发经营、文献检索以及学术研究等方面技术与实践能力
武汉大学	以土地信息技术和地籍技术为特色，将测绘、遥感、信息技术与土地管理的基本理论和知识相结合，具有从事地籍测量、地籍地政管理、土地利用规划以及土地信息系统开发、研制、应用等技术的能力
浙江大学	熟悉土地管理、城市与房地产管理等相关的法律、法规及政策；具有运用科学方法分析的能力，具备掌握土地测量、规划、空间信息处理以及土地整治的能力，具备较强的公共管理和政策科学方面的专业理论

5.3.2　学科课程体系设计

课程体系是人才培养工作中的重要一环，其合理与否直接关系人才培养质量的高低。如何优化土地资源管理专业课程体系已成为学者们关注和探讨的问题。谭雪兰等[1]探讨了湖南农业大学土地资源管理专业课程优化与学生综合能力培养问题；鲁春阳等[2]从管理学科工科化的视阈出发，探讨了河南城建学院土地资源管理专业课程体系优化的原则、思路及构筑体系；李雪梅[3]对天津城市建设学院土地资源管理专业基于就业导向的课程体系改革进行探讨；吴壮金等[4]通过分析我国土地资源管理专业课程体系存在的问题，提出了模块化的课程体系优化思路；王辉等[5]引入框架模型编制了中国矿业大学土地资源管理专业课程体系。笔者结合前人研究成果，通过对国内15所典型高校的土地资源管理专业课程体系进行对比分析，找出其共性与差异，发现存在的问题，为土地资源管理专业课程体系优化提供参考。

(1)课程学分设计

各高校的学科课程体系通常由通识课程、学科基础课程、专业课程及实践教学环节四个部分组成。其中通识课程是高校内所有学生都必须学习的课程，不因专业差异而改变，主要有高等数学、中国近代史纲要、形式政策、体育等；学科基础课通常是面向本专业低年级本科生的课程，其教学任务是对学科的整体进行简明扼要的介绍，并激发学生对所学学科的兴趣；其教学内容应以定性介绍为主，在课程内容的选取上要着重介绍基本概念、学科性质、学科发展历程等，其教学方法上应大量地使用图片；专业课是对本专业领域进行更深层次教学，使学生准确掌握专业基本理论、专业知识和专业技能，了解本专业的前沿技术、研究热点及发展趋势，培养分析解决本专业范围内一般实际问题的能力；实践教学环节是巩固学生专业知识，加深对理论认识，将理论付诸于实际，培养学生掌握科学方法和提高动手能力的重要平台。

表5-2　专业课程类型及学分对比表

课程类型	海南大学(学分)	浙江大学(学分)	武汉大学(学分)
通识课程	36.5	58.5	35
学科基础课程	35	23	32

续表

课程类型	海南大学（学分）	浙江大学（学分）	武汉大学（学分）
专业必修课程	34	21	16.5
专业选修课	18	2.5	30
实践教学课程	25	13.5	19

根据海南大学、浙江大学、武汉大学课程体系的学分体系（表5-2），其共性在于通识课程的学分皆为最高，但其他课程不同的学分配比能明显体现出高校该专业的特色专长以及所培养的特点。海南大学在课程学分设置上最为平滑，各课程学分相差较小，在三校中必修课程学分最多高达 34 分，强调学生的专业基础知识与技术，目的在于加强抽象思维和逻辑思维的能力培养，为学生技术素质的提高建立良好基础，也是人文素质的重要方面；浙江大学的培养模式相对固定，尤其在专业课程上灵活度较低，从整体上而言通识课程占比较高，专业选修课学分太少，仅有 2 门实习课共 2.5 学分，其更加注重模式化、系统性的教育培养方式，强化训练学生的通识与专业基础素质，在教学培养的过程中目的方向明确，具有很强的稳定性；不同于其他两校，武汉大学注重于教学培养的灵活多变，在学分的设置上专业选修课学分远高于必修学分，在教学中给予学生更多的选择空间，使其根据学习兴趣、专业认知、专业基础进行自由组合，目的在于激发学生的潜力，提高学生的自主选择与学习能力，但选修与必修学分差距过大，且必修学分较低，容易导致专业基础知识不扎实、教学培养结果两极差距较大、稳定性低等问题的出现。

(2)课程内容设计

对于学科课程体系而言，学分的配比是从宏观层面审视整个专业教学侧重、培养特点等，而对于专业特色，学科专长及具体的人才培养目标则需要通过具体的课程内容来反映。基于此，本文根据学科专业知识的通识性、课程侧重选取了部分学分高、学时长的选修与必修专业课程(表 5-3、表 5-4)进行比较分析。

在所列举的 10 门专业必修课程里面,其中前 6 门都大同小异,这是土地资源管理专业的理论基础,是各高校的专业建设的共同内核,是本专业学生必须掌握的知识。而后 4 门课程则可反映高校的学科侧重及强项。武汉大学专而精,后 4 门课程都是测绘、地理信息系统等相关知识与实践操作,注重于学生的地理信息采集、处理、收集等知识技能的培养,充分发挥其在测绘、地理信息系统内的学科优势,聚焦于一点进行重点培养;浙江大学以政治、管理、经济大类为主,突出政策法规在宏观层面上的治理效果,从大局视角审视土地资源管理问题,并倾向于从法规、行政角度切入解决问题,即注重于培养学生的综合管理素养;海南大学则位居两者之间,着眼于技术却并不专精,布局于宏观视野而缺乏格局,各方面知识皆有涉猎但并不成体系,面临着十分尴尬的境地,亟需根据海南大学传承发展特点、所处地区土地资源管理现状及社会需求,调整课程内容,提高技术强度以及先进性,拓宽学科视野。

表 5-3 专业必修课对比表

序号	海南大学	浙江大学	武汉大学
1	土地管理学	土地管理学	土地管理概论
2	土地经济学	土地经济学	土地经济学
3	土地利用规划	土地利用规划	土地利用规划
4	土地信息系统	土地信息系统	土地信息系统
5	地籍管理	地籍管理	地籍管理
6	测量与地籍测量学	土地测量学	GPS 与地籍控制测量
7	自然地理学	区域与城市规划	数据库原理
8	房地产估价	管理学	地图学
9	会计学原理	金融学	摄影测量与遥感
10	社会调查原理与方法	政治学原理	地籍测量学

表 5-4　专业选修课对比表

序号	海南大学	武汉大学
1	专业英语	专业英语
2	环境经济学	模糊数学
3	建筑概论	运筹学
4	房地产经纪	面向对象的程序设计
5	土地保护学	计算机图形学
6	土壤学	空间数据库原理
7	地理信息系统	数字地图原理
8	遥感技术与应用	地理信息综合
9	建筑工程概预算	公共政策
10	房地产项目投资分析	公共管理学

由于浙江大学的专业选修课程种类、学分分配较少，因此在此仅对海南大学与武汉大学进行对比分析。在根据学分、学时所列举的10门选修课中，武汉大学建立了以地理信息系统为中心，数学、政策理论为辅助的选修课程体系，注重地理信息与计算机技术的结合，引导学生把握土地资源管理领域地理信息化的发展趋势，要求其掌握专业前沿的信息处理知识与技术。相比之下，海南大学选修课程布局更广，课程涵盖建筑、经济、农业、生态、房地产等多个领域，有更多方向供学生根据其兴趣进行选择，但各课程间相互性、交叉性弱，无法形成科学的认知体系，不利于学生在大格局上对专业知识的掌握以及实际问题的运用，且在课程内容设计上相对陈旧，在计算机技术与地理信息技术高速发展的今天，缺乏计算机语言、数据库结构、程序设计等知识的训练，对学科建设、学生发展而言都无法紧跟时代发展的步伐，在学科前沿研究领域及特色建设上都将处于不利位置。因此海南大学土地资源管理专业应及时调整选修课学科体系，确定学科建设重心，整合选修课程，缩小选修课涉及范围、摒弃内容陈旧的课程、增加如程序设计、计算机语言学习等切合学科发展前沿的新型课程。

(3)实践教学设计

实践性课程包括科学研究基础训练、专业综合能力训练、专业文献综述训练及毕业论文(设计)等,各校所设置的实践课程在修读类型上都是必修,其课程内容及学分通过包括毕业论文(设计)与毕业实习,其他学分因高校学科定位不同而存在差异。在学分总数上,海南大学为25分,远高于其他两高校,学分集中在部分专业课程的实验课上,每门实验课都分配有0.5—1学分,配套的实验课程安排及学分设置有效提高了学生对于课程内容的认知,加强了学生理论联系实际以及实际操作能力,尤其是对于测量学、地籍管理学等实践运用能力较强的学科;武汉大学采取将实验课程单独开课,不依附于必修课程而存在,学分更高,教学课时更长,且脱离必修课程后,在实践目的上也并非传统的模仿、操作已有的技术步骤,更多的是作为课程设计训练的目的而存在,要求相较之前有所突破、有所创新;浙江大学实践学分、课程相对较少,在课程设置上也是采取单独开课的形式,学分也由1—1.5学分不等,所开课程也是切合专业需求以及本院校学科发展导向,同时也对设计创新提出要求。与武汉大学、浙江大学相比,海南大学的实践课程数目繁多,但学分及学时设置较少,所教授的大都是综合性或科研或生产任务的生产性知识。因此海南大学应继续坚持教育与社会服务密切结合,学生在校学习期间,课间或集中的教学实习及毕业论文(设计)都是与科研或科技开发相结合,根据项目要求选择技术途径和方法,培养学生自觉学习动力和社会责任感,提高动手和实际工作能力,增强了综合素质,学生毕业就业时知识和技术有信心,有竞争实力,到达工作岗位能立即从事技术和研究工作,深得用人单位青睐。

5.4　教学计划的纵向优化

综合以上分析可知,对于多学科交叉的土地资源管理专业而言,制定教学计划时面面俱到是十分困难的。在不动摇专业核心内容理念的基础上，各高校都是根据自己的学科优势、学科群体配比导向来决定教学计划的主体方向，打造相应的课程体系。因此海南大学土地资源管理专业在本校多学科群的支持下，适时改革教学内容，建立起了有特色的课程体系是十分有必要的，在公共管理大类招生的大背景下，海南大学紧随学科发展趋势，于2016 年进行大改革，土地资源管理专业并入公共管理大类进行招生，成为公共管理的二级学科，相应的在课程设置上新增了大量公共管理元素，确定了海南大学土地资源管理专业的公共管理学科性质以及政策性、实践型人才的培养导向。

5.4.1 系列课程结构的优化设计

由于学科级别及招生形式的改变，首次影响课程结构中变化最大的是学科基础课程，大类招生前的部分课程被筛选出归入专业必修课中（表 5-5）。

表 5-5 公共管理大类招生前后学科基础课程对比表

序号	单独招生	公共管理大类招生
1	高等数学 BⅠ	社会学概论
2	高等数学 BⅡ	管理数学
3	线性代数 B	法理学
4	概率统计 A	概论与统计
5	自然地理学	公共政策导论
6	西方经济学	经济学原理
7	城镇体系规划	政治学原理
8	土地资源学	土地资源概论
9	建筑概论	公共管理学
10	测量与地籍测量学	社会调查原理与方法
11	管理学原理	管理学原理
12		公文写作

通过表 5-5 可以发现，并入公共管理大类后，数学、经济学等数理思维、逻辑训练、操作实践要求较高的相关课程从课程内容、学分设置以及课程难度上都进行了大幅度的删减：如将高等数学、线性代数整合成管理数学，数学类总学分由 10 学分裁减至 5 学分、西方经济学变更为经济学原理；与此同时增加了大量政治、管理学等理论思考、政策偏向的内容：如增加政治学原理、公文写作、法理学、公共政策导论等课程。这对整个学生的培养方向进行了一个极大的调整，由初始的数理应用、操作实践类人才培养转变为公共管理、政策治理类人才的培养，也将学科的研究发展方向调整为土地资源的理论政策研究与治理。这与海南大学行政、管理类学科群的支持有关，使劣势得到实质性改善，并在将来变成优势。有利于学生综合能力的增强，有利于形成理论与实践的良性互动，进一步显示了用自然科学方法，走社会科学道路，“工管结合”的学科定位。

5.4.2 必修课与选修课的结构优化设计

在保证学科基础课、专业必修课、专业选修课学分分配不变的前提下，学科基础课课程结构的改变必然将影响到后续专业选修与必修课的课程结构，尤其是测量与地籍测量学、土地资源学等专业核心课程还将被调整至专业必修课，这对专业必修与选修课的课程内容优化提出了新的要求，即根据公共管理的学科性质导向进行优化设计。

为保证本专业主干课程体系的完整性，海南大学以课程性质调整为优化设计的主要方式，具体表现为保持原有专业必修课程不变，将部分原学科基础课程调整至专业必修课中，课程学分、学时都不做改变，将教学计划中专业必修课的学分要求由 30 分增加至 34.5 分为课程调整提供空间，与之相对的则是选修课程的裁减，将课程种类由 35 种减少至 32 种，删除了公共管理相关学科如土地行政学等学科。在选修课要求的修读课业总数中，最低要求也由 9 门课程上升至 10 门课程（表 5-6）。此次大类改革增加教学活动的灵活性，教学模式相对丰富，显著提高了学科发展、人才培养的方向性与目的性，有利于人才专业素质培养的多元性，尤其是提高学生对专业基础知识的掌握，对海南大学土地资源管理专业的良性发展发挥着积极的促进作用。

表 5-6　公共管理大类招生前后必修、选修课程对比表

	单独招生	公共管理大类招生
必修课种类	8	15
选修课种类	35	32
选修课最低要求修读门数	9	10
必修课学分	30	34.5
选修课最低要求学分	16	18

参考文献

[1]谭雪兰，朱红梅，张坤，等．地方农业院校土地资源专业课程体系优化与学生综合能力培养研究：以湖南农业大学为例[J]．安徽农业科学，2014，42(1)：317－319.

[2]鲁春阳，文枫，张宏敏．管理学科工科化视阈下土地资源管理专业课程体系优化：以河南城建学院为例[J]．农村经济与科技，2012，23(7)：164－165.

[3]李雪梅．就业导向的土地资源管理专业课程体系改革[J]．大学教育，2013(15)：38－40.

[4]吴壮金，严志强，廖赤眉．土地资源管理专业课程体系优化的理论与实践研究－以广西师范学院土地资源管理专业为例[J]．广西师范学院学报(哲学社会科学版)，2006，27(1)：20－25.

[5]王辉，汪应宏，陈龙乾，等．土地资源管理专业课程体系编制[J]．高教学刊，2016(4)：143－144.

[6]徐丽萍，郭鹏，王玲，等．我国高等教育土地资源管理

专业人才培养方案的对比及启示[J]. 教育教学论坛,2016(12):271－272.

[7]赵小风,黄贤金,付重林,等. 我国高等教育资源环境与城乡规划管理专业课程体系比较研究[J]. 高等理科教育,2008(3):50－53.

[8]何灵. 完善土地资源管理专业课程体系的思考[J]. 中国轻工教育,2015(01):84－86.

6　特色专业背景下土地资源管理专业课程教学模式优化设计

6.1　教学模式综述

6.1.1　教学模式简介

“模式”一词是英文model的汉译名词。model还译为“模型”“范式”“典型”等。一般指被研究对象在理论上的逻辑框架，是经验与理论之间的一种可操作性的知识系统，是再现现实的一种理论性的简化结构。最先将模式一词引入到教学领域，并加以系统研究的人，当推美国的乔伊斯（B. Joyce）和韦尔（M. Weil）。

乔伊斯和韦尔在《教学模式》一书中认为：“教学模式是构成课程和作业、选择教材、提示教师活动的一种范式或计划”。实际教学模式并不是一种计划，因为计划往往显得太具体，太具操作性，从而失去了理论色彩。将“模式”一词引入教学理论中，是想以此来说明在一定的教学思想或教学理论指导下建立起来的各种类型的教学活动的基本结构或框架，表现教学过程的程序性的策略体系。

教学模式是指为实现一定的教学目的，在一定的教育思想、教学理论和学习理论的指导下，并在某种教学环境和资源的支持下，所建立起来的教学活动方式。从结构方面看，教学模式是由教学活动中的人，包括老师和学生，以及教学活动中的信息，包括教学内容、教学仪器、设备等，共同构成的相对稳定的组合方式；从过程方面看，教学模式包括了教学目的、内容、方法、组织形式和教学效果评价等各个方面，是上述各个方面的有机结合。

不同的教学模式会产生不同的教学效果。好的教学模式可以尽可能地激活各个教学要素，使其处于良好的互动状态，产生整体优化效果。但是，在以往的土地管理专业课程教学模式中，往往片面强调教师的课堂讲授，通过课堂灌输方式完成教学目标，而对学生的学习环节、实践环节不够重视。课堂讲授又往往采取“填鸭式”，缺乏启发式和讨论式教学。

教学模式是在一定的教学思想或教学理论指导下建立起来的各种类型的教学活动的基本结构框架和活动程序。教学模式是一定的教学理论或教学思想的反映，是一定理论指导的教学行为范式。不同的教育观往往提出不同的教学模式。如概念获得模式的理论依据是认知心理学派的学习理论，情境陶冶模式的理论依据则是人的有意识心理活动与无意识心理活动、理智与情感在认知活动中的统一。

6.1.2 教学模式的特点

(1)教学模式的指向性

由于任何一种教学模式都围绕着一定的教学目标设计的，而且每种教学模式的有效运用也是需要一定的条件，因此不存在对任何教学过程都适用的普适性的模式，也谈不上哪一种教学模式是最好的。评价最好教学模式的标准是在一定的情况下达到特定目标的最有效的教学模式。教学过程中在选择教学模式时必须注意不同教学模式的特点和性能，注意教学模式的指向性。

(2)教学模式的操作性

教学模式是一种具体化、操作化的教学思想或理论，它把某种教学理论或活动方式中最核心的部分用简化的形式反映出来，为人们提供了一个比较抽象的理论具体得多的教学行为框架，具体地规定了教师的教学行为，使得教师在课堂上有章可循，便于教师理解、把握和运用。

(3)教学模式的完整性

教学模式是教学现实和教学理论构想的统一,所以它有一套完整的结构和一系列的运行要求,体现着理论上的自圆其说和过程上的有始有终。

(4)教学模式的稳定性

教学模式是大量教学实践活动的理论概括,在一定程度上揭示了教学活动带有的普遍性规律。一般情况下,教学模式并不涉及具体的学科内容,所提供的程序对教学起着普遍的参考作用,具有一定的稳定性。但是教学模式是依据一定的理论或教学思想提出来的,而一定的教学理论和教学思想又是一定社会的产物,因此教学模式总是与一定历史时期社会政治、经济、科学、文化、教育的水平联系,受到教育方针和教育目的制约。因此这种稳定性又是相对的。

(5)教学模式的灵活性

作为并非针对特定的教学内容教学,体现某种理论或思想,又要在具体的教学过程中进行操作的教学模式,在运用的过程中必须考虑到学科的特点、教学的内容、现有的教学条件和师生的具体情况,进行细微的方法上的调整,以体现对学科特点的主动适应。

6.1.3 教学模式的分类

教学模式是教学理论的具体化,是教学实践的概括化的形式和系统,具有多样性和可操作性,因此教师对教学模式的选择和运用有一定的要求,教学模式必须要与教学目标相契合,要考虑实际的教学条件针对不同的教学内容来选择教学模式,当然首先还是要了解有哪些教学模式,它们的特点是什么。

(1)传递——接受式

该教学模式源于赫尔巴特的四段教学法,后来由前苏联凯洛夫等人进行改造传入我国,在我国广为流行,很多教师在教学中自觉不自觉地都用这种方法教学。该模式以传授系统知识、培养基本技能为目标。其着眼点在于充分挖掘人的记忆力、推理能力与间接经验在掌握知识方面的作用,使学生比较快速有效地掌握更多的信息量。该模式强调教师的指导作用,认为知识是教师到学生的一种单向传递的作用,非常注重教师的权威性。

根据行为心理学的原理设计,尤其受斯金纳操作性条件反射的训练心理学的影响,强调控制学习者的行为达到预定的目标。认为只要通过联系——反馈——强化,这样反复的循环过程就可以塑造有效的行为目标。

该模式的基本教学程序是:复习旧课—激发学习动机—讲授新课—巩固练习—检查评价—间隔性复习。

复习旧课是为了强化记忆、加深理解、加强知识之间的相互联系和知识进行系统整理。激发学习动机是根据新课的内容,设置一定情境和引入活动,激发学生的学习兴趣。讲授新课是教学的核心,在这个过程中主要以教师的讲授和指导为主,学生一般要遵守纪律,跟着教师的教学节奏,按部就班地完成教师布置给他们的任务。巩固练习是学生在课堂上对新学的知识进行运用和练习解决问题的过程。检查评价是通过学生的课堂和家庭作业来检查学生对新知识的掌握情况。间隔性复习是为了强化记忆和加深理解。

教师要根据学生的知识结构的认知水平对教学内容进行加工整理,力求使得所传授的知识与学生原有的认知结构相联系。充分发挥教师的主导作用,教师在传授知识的时候需要很高的语言表达能力,同时要发现和解决学生在掌握知识时候常遇到的问题。

该模式辅助系统主要有:课本、黑板、粉笔、挂图、模型、投影仪等。其教学效果的优点是学生能在短时间内接受大量的信息,能够培养学生的纪律性,能够培养学生的抽象思维能力。缺点主要有:学生对接受的信息很难真正地理解,培养单一化、模式化的人格,不利于创新性、分析性学生的发展,不利于培养学生创新思维和解决实际问题的能力。

运用这种模式时，在介绍讲解性的内容上运用比较有效，当期望学生在短时间掌握一定的知识去应试时比较可行，教师不可在任何教学内容上都运用这种模式，长此以往必然造成一种“满堂灌”的教学模式，非常不利于学生的全面发展，从而培养出一大批没有思想与主见的高分低能者。

(2)自学——辅导式

自学辅导式的教学模式是在教师的指导下自己独立进行学习的模式。这种教学模式能够培养学生的独立思考能力，在教学实践中也有很多教师在运用它。

该模式的理论基础是从人本主义出发，注意发挥学生的主体性，以培养学生的学习能力为目标。这种教学模式基于先让学生独立学习，然后根据学生的具体情况进行指导。它承认学生在学习过程中试错的价值，培养学生独立思考和学会学习的能力。

自学辅导式的教学程序是：自学—讨论—启发—总结—练习巩固。

教师在教学中根据学生的最近发展区，布置一些有关新教学内容的学习任务组织学生自学，在自学之后让学生之间交流讨论，发现他们所遇到的困难，然后教师根据这些情况对学生进行点拨和启发，总结出规律，再组织学生进行练习巩固。

自学内容难度适宜，教师在教学过程中要适时点拨，先进行自主学习，后教师进行指导概括和总结。需要注意的是，教师要提供必要的学习材料和学习的辅助设施，给学生自学提供有力的支持。

该模式教学效果的优点是能够培养学生分析问题、解决问题的能力；有利于教师因材施教；能发挥学生的自主性和创造性；有利于培养学生相互合作的精神。缺点是学生如果对自学内容不感兴趣，可能在课堂上一无所获；需要较长的时间学习和掌握；需要教师非常敏锐地观察学生的学习情况，必要时进行启发和调动学生的学习热情，针对不同学生进行讲解和教学，所以很难在大班教学中开展。

实施这一教学模式时最好选择难度适中,学生比较感兴趣的内容进行自学,教师要有很高的组织能力和业务水平,教师避免过多讲解而是多启发。

(3)探究式教学

探究式教学以问题解决为中心,注重学生的独立活动,着眼于学生思维能力的培养。

探究式教学的理论基础是皮亚杰和布鲁纳的建构主义理论,注重学生的前认知,注重体验式教学,培养学生的探究和思维能力。其教学的基本程序是:问题—假设—推理—验证——总结提高。

首先创设一定的问题情境提出问题,然后组织学生对问题进行猜想和做假设性的解释,再设计实验进行验证,最后总结规律。

建立一个民主宽容的教学环境,充分发挥学生的思维能力,教师要掌握学生的前认知特点实施一定的教学策略。

需要一定的供学生探究学习的设备和相关资料。

探究式教学的优点是能够培养学创新能力和思维能力,能够培养学生的民主与合作的精神,能够培养学生自主学习的能力。缺点是一般只能在小班进行,需要较好的教学支持系统,教学需要的时间比较长。

实施时,在探究性教学中教师一定要尊重学生的主体性,创设一个宽容、民主、平等的教学环境,教师要对那些打破常规的学生予以一定的鼓励,不要轻易地对学生说对或错,教师要以引导为主切不可轻易告知学生探究的结果。

(4)概念获得模式

该模式的目标是使学习者通过体验所学概念的形成过程来培养他们的思维能力。该模式主要反映了认知心理学的观点,强调学习是认知结构的组织与重组的观点。

该模式的理论基础是布鲁纳、古德诺和奥斯汀的思维研究理论。他们认为分类是把不同的事物当作相等看待,是将周围的世界进行简化和系统化的手段,从而建立一定的概念来理解纷繁复杂的世界。布鲁纳认为所谓的概念是根据观察进行分类而形成的思想或抽象化。在概念形成的过程中非常注重事物之中的一些相似成分,而忽略那些不同的地方。在界定概念的时候需要五个要素:名称、定义 、属性、例子以及与其他概念的相互关系。

概念获得模式共包含这些步骤:教师选择和界定一个概念—教师确定概念的属性——教师准备选择肯定和否定的例子—将学生导入概念化过程—呈现例子—学生概括并定义—提供更多的例子—进一步研讨并形成正确概念—概念的运用与拓展。

其教学原则是帮助学生有效地获得概念这是学校教育的基本任务之一。概念获得模式是采取“归纳—演绎”的思维形式。首先通过一些例子让学生发现概念一些共同属性,掌握概念区别于其他概念的本质特征。学生在获得概念后还需要进行概念的理解,即引导学生从概念的内涵、外延、属、种、差别等方面去理解概念。为了强化学生对概念的理解,还应该把与概念相关的或相似的概念、逻辑相关概念、相对应的概念等进行辨析。学习的目的在于运用,在运用的过程中我们可以发现学生对概念的掌握程度,可以及时地采取补救措施。

需要注意的是,该模式需要大量正反例子,课前教师需要精心的准备。

该模式能够培养学生的归纳和演绎能力,能够形成比较清晰的概念,能够培养学生严谨的逻辑推理能力。

实施时可以针对概念性很强的内容实施教学,课前教师要对概念的内涵与外延要做很好的梳理。

(5)巴特勒学习模式

20 世纪 70 年代美国教育心理学家巴特勒提出教学的 7 要素,并提出“七段”教学论,在国际上影响很大。

该模式主要理论依据是信息加工理论。

基本教学程序是:设置情境——激发动机——组织教学——应用新知——检测评价——巩固练习——拓展与迁移。

该教学模式的教学七步骤中的情境是指学习的内外部各种

情况，内部情况是学生的认知特点，外部情况是指学习环境，它的组成要因素有：个别差异、元认知、环境因子。动机是学习新知识的各种诱因，它的主要构成要素有：情绪感受、注意、区分、意向。组织是将新知识与旧知识相互关联起来，它的主要构成要素有：相互联系、联想、构思、建立模型。应用是对新知识的初步尝试，它的构成要素有：参与、尝试、体验、结果。评价是对新知识初步尝试使用之后的评定，它的组成要素有：告知、比较、赋予价值、选择。重复是练习与巩固的过程，它的主要组成要素有：强化、练习、形成习惯、常规、记忆、遗忘。拓展是把新知识迁移到其他情境中去，它的构成要素有延伸、迁移、转换、系统、综合。

巴特勒从信息加工理论出发，非常注重元认知的调节，利用学习策略对学习任务进行加工，最后生成学习结果。教师在利用这种模式的时候，要时常提醒学生进行反思自己的学习行为。要考虑各种步骤的组成要素，根据不同情况有所侧重。

其辅助系统主要是一般的课堂环境，掌握学习策略的教师。

这是一个比较普适性的教学模式，根据不同教学内容它可以转化为不同的教学法，只要教师灵活驾驭就能达到其想要的教学效果。

实施时，教师应该是一位研究型的教师，具有一定的教育学和心理学的知识，掌握元认知策略，就可以灵活运用这种教学模式。

(6)抛锚式教学模式

这种教学模式要求建立在有感染力的真实事件或真实问题的基础上。确定这类真实事件或问题被形象地比喻为“抛锚”，因为一旦这类事件或问题被确定了，整个教学内容和教学进程也就被确定了(就像轮船被锚固定一样)。

这一教学模式的理论基础是建构主义。建构主义认为，学习者要想完成对所学知识的意义建构，即达到对该知识所反映事物的性质、规律以及该事物与其他事物之间联系的深刻理解，最好的办法是让学习者到现实世界的真实环境中去感受、去体验(即通过获取直接经验来学习),而不是仅仅聆听别人(例如教师)关于这种经验的介绍和讲解。由于抛锚式教学要以真实事例或问题为基础(作为"锚"),所以有时也被称为"实例式教学"或"基于问题的教学"或"情境性教学"。

抛锚式教学由这样几个环节组成:

1)创设情境——使学习能在和现实情况基本一致或相类似的情境中发生。

2)确定问题——在上述情境下,选择出与当前学习主题密切相关的真实性事件或问题作为学习的中心内容。选出的事件或问题就是"锚",这一环节的作用就是"抛锚"。

3)自主学习——不是由教师直接告诉学生应当如何去解决面临的问题,而是由教师向学生提供解决该问题的有关线索,并特别注意发展学生的"自主学习"能力。

4)协作学习——讨论、交流,通过不同观点的交锋,补充、修正、加深每个学生对当前问题的理解。

5)效果评价——由于抛锚式教学的学习过程就是解决问题的过程,由该过程可以直接反映出学生的学习效果。因此对这种教学效果的评价不需要进行独立于教学过程的专门测验,只需在学习过程中随时观察并记录学生的表现即可。

该模式需要巧设情境,合作学习。情境设置与产生问题一致,问题难易适中要具有一定的真实性,在教学中要充分发挥学生的主体性。这一模式能培养学生的创新能力、解决问题能力、独立思考能力、合作能力等。实施时,需要创设情境适时抛出问题,注意情境感染与熏陶作用。

(7)范例教学模式

范例教学模式比较适合原理、规律性的知识。是中学思想政治课教学最基础的内容之一。它是德国教育实践家 M·瓦根舍因提出来的。

遵循人的认知规律:从个别到一般,从具体到抽象的过程。在教学中一般从一些范例分析入手感知原理与规律,并逐步提炼进行归纳总结，再进行迁移整合。

范例教学的基本过程是：阐明“个”案—范例性阐明“类”案—范例性地掌握规律原理—掌握规律原理的方法论意义—规律原理运用训练

“范例教学”主张选取蕴含本质因素、根本因素、基础因素的典型案例，通过对范例的研究，使学生从个别到一般、从具体到抽象、从认识到实践理解、掌握带有普遍性的规律、原理的模式。所谓范例性地阐明“个”案，指用典型事实和现象为例说明事物的本质特征；所谓范例性阐明“类”案，是指用许多在本质上与“个”案一致的事实和现象来阐明事物的本质特征；范例性掌握规律原理是指从大量的“类”案中总结出规律和原理，在总结归纳的过程中，要注意对规律或原理的表述要准确，对规律原理的名称要清楚；掌握规律原理的目的和意义在于运用，因而教师要让学生掌握规律、原理的方法论意义；为了了解学生对规律和原理的掌握程度，从而获得反馈信息，规律原理的运用训练是教学必不可少的环节。

该模式要遵循的基本顺序为从个别入手，归纳成类，再从类入手，提炼本质特征，最后上升到规律与原理。可以选取不同的带有典型性的范例，有助于培养学生的分析能力，有助于学生理解规律和原理。

实施时，比较适合社会科学中的一些原理和规律教学，范例一定要有一定的代表性，最好能激发学生的兴趣。

(8)现象分析模式

该教学模式主要基于建构主义的认知理论，非常注意学生利用自己的先前经验对问题进行解释。

现象分析模式的基本教学程序是：出示现象—解释现象的形成原因—现象的结果分析—解决方法分析。在教学中，某种现象往往是以材料的形式出现的，学生要能通过现象揭示其背后的本质。现象能够反映本质规律，创设民主环境，充分发挥学生的主体性，让他们进行解释说明。真实的现象感受，最好有音像辅助设备。可以培养学生的分析能力、综合能力。

实施时，建议教师要调动学生的思维，让他们去发现现象背后的规律；选取的现象要具有一定的典型性，能揭示背后的规律。

(9)加涅模式

该教学模式的理论依据是信息加工理论，加涅认为学习的条件分为内部条件和外部条件，内部条件又进一步分为基本先决条件和支持性的先决条件。支持性的先决条件在学习过程中起辅助作用，但是没有这些条件学习也可以发生，而如果缺少基本先决条件则是不行的。不同的学习类别需要不同的学习条件，并能产生五种类型的学习结果：言语信息、智力技能、认知策略、动作技能、态度。言语信息包括名称、符号、事实和原则。为了使言语信息的学习得以发生，言语信息的内容对学习者必须是有意义的。考查言语信息是否掌握，必须对一些事实进行提问。智慧技能，包括辨别、概念、规则、和高级规则。智慧技能的学习是通过呈现许多规则和例子以指导学习者找到正确的答案。可以通过要求学习者解决特定的问题来考查学习结果。认知策略，对这种技能的教学方法是演示或说明策略后，学习者练习，一旦学生熟悉了一个问题，新的问题要呈现，以帮助学生将策略迁移，或者评价学生对策略的掌握程度。动作技能，反复练习对这种技能的掌握是关键。可以通过完成任务的时间或者精确性来测试对动作技能的掌握。态度，强化相依原理在态度学习中起主要作用。

加涅的学习层级论主要适用于智慧技能的学习。学习层级论，也称累积学习理论，其基本观点是：学习任何新的智慧技能都需要某种先前的学习，学习是累积性的。按照复杂性程度的不同，由简单到复杂，加涅将智慧技能分为八个层次：信号学习、刺激一反应学习、连锁学习、言语联想、辨别学习、概念学习、规则学习和高级规则学习。其中前四类是学习的基础形式，总称联想学习。学校教育更关注的是后面四类的学习。

加涅把人的学习过程等同于电脑对信息的加工处理，在他的学习理论中要点是：注意、选择性知觉、复诵、语义编码、提取、反应组织、反馈。

该教学模式基本程序是按照电脑加工信息的步骤（环境——接受器——登记 ——编码——反应器执行监控——效应器——环境），他提出九步教学法：

1）引起注意。

2）告知目标。

3）刺激回忆先决条件。

4）呈现刺激材料。

5）提供学习指导。

6）引发业绩。

7）提供业绩正确程度反馈。

8）评价。

9）增强保持与迁移。

加涅认为这九个阶段主要分为三个部分，即准备、操作和迁移三个部分。

准备包括接收、预期、提取到工作记忆中。对应的教学事件是引起注意、告知目标、刺激回忆先前的知识。操作包括选择性知觉、语义编码、反应、强化。对应的教学事件是呈现刺激、提供学习指导、引出行为、提供反馈。学习迁移包括提取和强化、提取并一般化。对应的教学事件是评价行为、促进保持与迁移。

（10）奥苏贝尔模式

奥苏贝尔是认知结构理论的具体化的实用者。他通俗地认为认知结构就是书本知识在学生头脑中的再现形式，是有意义学习的结果和条件。他着重强调了概括性强、清晰、牢固、具有可辨别性和可利用性的认知结构在学习过程中的作用，并把建立学习者对教材的清晰、牢固、认知结构作为教学的主要任务。奥苏贝尔的有意义学习理论着重强调了认知结构的地位，围绕着认知结构提出的上位学习、下位学习、相关类属学习、并列结合学习和创造学习等几种学习类型，为新旧知识是如何组织的提供了一条较有说服力的解释。自他之后，认知结构理论才真正引起人们的重视并为人们广泛理解。

其理论基础为“有意义接受学习”理论。

美国著名教育心理学家奥苏贝尔在对学习类型做深入研究的基础上，将“学习”按照其效果划分为“有意义学习”与“机械学习”两种类型。所谓有意义学习，其实质是指：“符号表示的观念，以非任意的方式和在实质上（而不是字面上）同学习者已经知道的内容联系在一起。所谓非任意的和实质上的联系是指这些观念和学习者原有认知结构中的某一方面（如一个表象、一个已经有意义的符号、一个概念或一个命题）有联系”。换句话说，要想实现有意义的学习真正习得知识的意义，即希望通过学习获得对知识所反映事物的性质规律及事物之间关联的认识，关键是要在当前所学的新概念、新知识（即“符号表示的观念”）与学习者原有认知结构中的某个方面（表象、概念或命题）之间建立起非任意的实质性联系。只要能建立起这种联系就是有意义的学习，否则就必然是死记硬背的机械学习。奥苏贝尔认为，能否建立起新旧知识之间的这种联系，是影响学习的唯一的最重要因素，是教育心理学中最基本、最核心的一条原理。正如他的代表性论著“教育心理学一种认知观点”一书的扉页中用特大号字所表述的：“假如让我把全部教育心理学仅仅归结为一条原理的话，那么，我将一言以蔽之曰：影响学习的唯一最重要因素就是学习者已经知道了什么。要探明这一点，并应据此进行教学。”

奥苏贝尔指出，要想实现有意义学习可以有两种不同的途径或方式：接受学习和发现学习。接受学习的基本特点是：“所学知识的全部内容都是以确定的方式被（教师）传递给学习者。学习课题并不涉及学生方面的任何独立的发现。学习者只需要把呈现出来的材料（无意义音节或配对形容词；一首诗或几何定理）加以内化或组织，以便在将来某个时候可以利用它或把它再现出来”。发现学习的基本特点则是：“要学的主要内容不是（由教师）传递的，而是在从意义上被纳入学生的认知结构以前必须由学习者自己去发现出来。”奥苏贝尔还强调指出，如果根据学习引起的能力变化来区分学习类型(能否实现有意义学习是引起能力发展变化的关键),即根据用何种方式来引起能力变化(也就是用何种方式来实现有意义学习),那么,就只能区分出“接受学习”与“发现学习”两种,而所有其他的学习类型皆可并入到这两大类型之中。他认为20世纪七八十年代学术界对学习类型的众多分类(如“辨别学习”“概念学习”“尝试错误学习”“条件反应学习”“配对联想学习”……)实际上都是“没有按照这些学习类型所引起的能力变化来区分学习”的结果。

“先行组织者”教学策略。奥苏贝尔不仅正确地指出通过“发现学习”和“接受学习”均可实现有意义学习,而且还对如何在这两种教学方式下具体实现有意义学习的教学策略进行了研究,特别是对“传递—接受”教学方式下的教学策略作了更为深入的探索,并取得了成为教学论领域一座丰碑的出色成果——“先行组织者”教学策略。这是在分析与操纵三种认知结构变量(即原有认知结构的可利用性、可分辨性和稳固性等三个变量)基础上而实施的一种教学策略,由于它具有认知学习理论作基础又有很强的可操作性,自奥苏贝尔于1978年提出以来,其影响日益扩大,它已成为实现“有意义接受学习”的最有代表性、最具影响力、也是最见实际效果的教学策略之一。

动机理论。奥苏贝尔不仅在对学习过程的认知条件、认知因素进行深入研究的基础上提出了“有意义接受学习”理论和“先行组织者”教学策略,而且他还注意到影响学习过程的另一重要因素即情感因素的作用,并在这方面提出了独到的见解(在当代众多教育心理学家中,能重视情感因素的作用并对此进行认真研究的并不多见),这些见解可归纳如下:

1)他认为,情感因素对学习的影响主要是通过动机在以下三个方面起作用:

① 动机可以影响有意义学习的发生。由于动机并不参与建立新旧概念、新旧知识之间的联系,所以并不能直接影响有意义学习的发生,但是动机却能通过使学习者在“集中注意”“加强努

力”“学习持久性”和“挫折忍受力”等方面发挥出更大潜能而加强新旧知识的相互作用(起催化剂作用),从而有效地促进有意义的学习。

② 动机可以影响习得意义的保持。由于动机并不参与建立新旧知识之间的联系和新旧知识的相互作用,所以也不能直接影响习得意义的保持,但是保持总是要通过复习环节来实现,而在复习过程中动机仍可通过使学习者在“集中注意”“加强努力”和“持久性”等方面发挥出更大潜能来提高新获得意义的清晰性和巩固性,从而有效地促进保持。

③ 动机可以影响对知识的提取(回忆)动机过强,可能产生抑制作用,使本来可以提取的知识提取不了(回忆不起来),考试时由于心理紧张,动机过强,影响正常水平发挥就是一个例子;反之,有时动机过弱,不能调动起学习者神经系统的全部潜力,也会减弱对已有知识的提取。

2)他认为,动机是由三种内驱力组成的。

由于动机是驱使人们行动的内部力量,所以心理学家常把动机和内驱力视为同义词。奥苏贝尔认为通常所说的动机是由“认知内驱力”“自我提高内驱力”和“附属内驱力”等三种成分组成的。

认知内驱力是指要求获得知识、了解周围世界、阐明问题和解决问题的欲望与动机,与通常所说的好奇心、求知欲大致同义。这种内驱力是从求知活动本身得到满足,所以是一种内在的学习动机。由于有意义学习的结果就是对学习者的一种激励,所以奥苏贝尔认为,这是“有意义学习中的一种最重要的动机”。例如,儿童生来就有好奇心,他们越是不断探索周围世界,了解周围世界,就越是从中得到满足。这种满足感(作为一种“激励”)又会进一步强化他们的求知欲,即增强他们学习的内驱力。

自我提高内驱力是指儿童希望通过获得好成绩来提高自己在家庭和学校中地位的学习动机。随着年龄增长,儿童自我意识增强,他们希望在家庭和学校集体中受到尊重。这种愿望也可以推动儿童努力学习，争取好成绩，以赢得与其成绩相当的地位。自我提高内驱力强的学习者，所追求的不是知识本身，而是知识之外的地位满足（受人敬重、有地位），所以这是一种外在的学习动机。

附属内驱力是指通过顺从、听话从父母和老师那里得到认可，从而获得派生地位的一种动机。这种动机也不是追求知识本身，而是追求知识之外的自尊满足（家长和老师认可），所以也是一种外在的学习动机。

上述三种不同成分的动机对每个人来说都可能具有，但三种成分所占的不同比例，则依年龄、性别、文化、社会地位和人格特征等因素而定。在童年时期，附属内驱力是获得良好学业成绩的主要动机；童年晚期和少年期，附属内驱力降低，而且从追求家长认可转向同龄伙伴的认可；到了青年期和成人，自我提高内驱力则逐渐成为动机的主要成分。前面强调了内在动机（认知内驱力）的重要性，但决不应由此贬低外部动机（特别是自我提高内驱力）的作用。在个人的学术生涯和职业生涯中自我提高内驱力是一种可以长期起作用的强大动机。这是因为，与其他动机相比，这种动机包含更为强烈的情感因素，既有对成功和随之而来的声誉鹊起的期盼、渴望与激动，又有对失败和随之而来的地位、自尊丧失的焦虑、不安与恐惧。

由上面关于“动机理论”（包括动机成分的组成与动机的作用等两个方面）的介绍可以看出，奥苏贝尔确实对情感因素在认知过程中的作用与影响作了较深入的研究。如果我们在教学设计或在课件脚本设计过程中能根据学习者的不同年龄特征，有意识地帮助学习者逐步形成与不断强化上述三种动机并在教学过程的不同阶段（例如在有意义学习发生、习得意义保持及知识提取等阶段）恰当地利用这些动机，那么，由于学习过程中认知因素与情感因素能得到较好的配合，所以定将取得更为良好的教学效果。

这一教学模式实施的基本程序是：提出先行组织者——逐步

分化——综合贯通。

(11)合作学习模式

它是一种通过小组形式组织学生进行学习的一种策略。小组取得的成绩与个体的表现是紧密联系的。约翰逊(D. W. Johnson,1989)认为合作式学习必须具备五大要素:①个体积极的相互依靠;②个体有直接的交流;③个体必须掌握小组的材料;④个体具备协作技巧;⑤群体策略。合作式学习有利于发展学生个体思维能力和动作技能,增强学生之间的沟通能力和包容能力,还能培养学生的团队精神,提高学生的学业成绩。

课堂里的合作有四点不足之处:首先,如果学得慢的学生需要学得快的学生的帮助,那么对于学得快的学生来说,在一定程度上就得放慢学习进度,影响自身发展。其次,能力强的学生有可能支配能力差或沉默寡言的学生,使后者更加退缩,前者反而更加不动脑筋。再次,合作容易忽视个别差异,影响对合作感到不自然的学生的学习进步。最后,小组的成就过多依靠个体的成就,一旦有个体因为能力不足或不感兴趣,则会导致合作失败。

(12)发现式模式

发现式学习是培养学生探索知识、发现知识为主要目标的一种教学模式。这种模式最根本的地方在于让学生像科学家的发现一样来体验知识产生的过程。布鲁纳(J. S. Bruner)认为发现式教学法有四个优点:

1)提高学生对知识的保持度。

2)教学中提供了便于学生解决问题的信息,可增加学生的智慧潜能。

3)通过发现可以激励学生的内在动机,引发其对知识的兴趣。

4)学生获得了解决问题的技能。

根据许多心理学家对这种教学模式的研究,它更适合于低年级的教学,而且在课堂上运用太费时间,又难以掌握。

教学模式是从教学的整体出发,根据教学的规律原则而归纳提炼出的包括教学形式和方法在内的具有典型性、稳定性、易学性的教学样式。简单地说就是在一定教学理论指导下，以简化形式表示的关于教学活动的基本程序或框架。

教学模式包含着一定的教学思想以及在此教学思想指导下的课程设计、教学原则、师生活动结构、方式、手段等。在一种教育模式中可以集中多种教学方法。任何模式都不是僵死的教条，而是既稳定又有发展变化的程序框架。

6.2 教学模式优化的理论基础

6.2.1 学习理论

自 20 世纪 50 年代以来，学习理论历经行为主义、认知主义和建构主义等不同发展阶段。

行为主义学习理论又称刺激一反应(S－R)学习理论，主要是基于斯金纳的操作性条件反射，所谓操作性条件反射是指非已知刺激诱发出的联结反应。在操作条件的作用下，当联结反应被诱发之后，若随即给予强化，即可形成"刺激一反应"联结，达到学习目的。这种理论强调认识来源于外部刺激，并可通过行为目标检查、控制学习效果，在许多技能性训练或作业操练中，行为学习理论发挥了重要作用。但是由于这种学习理论只强调外部刺激而完全忽视学习者内部心理过程的作用，对于较复杂认知过程的解释显得无能为力。

认知主义学习理论的观点认为，人的认识不是由外部刺激直接给予的，而是由外部刺激和认知主体内部心理过程相互作用的产物。美国著名教育心理学家罗伯特·M·加涅吸收行为主义和认知主义两大学习理论的优点，提出一种折衷观点，即所谓"联结一认知"学习理论。这种理论主张既要重视外部刺激(条件)与外在的反应(行为)，又要重视内部心理过程的作用，即学习的发生要同时依赖外部条件和内部条件，教学就是要通过安排适当的外部条件来影响和促进学习者的内部心理过程，使之达到更理想的学习效果。

建构主义学习理论认为,知识不是通过教师传授得到,而是学习者在一定的情境即社会文化背景下,借助于其他人的帮助,利用必要的学习资料,通过意义建构的方式而获得。应当在教师指导下,以学习者为中心的学习,即强调学习者的认知主体作用,又不忽视教师的指导作用,教师是意义建构的帮助者和促进者,而不是知识的传授者和灌输者。学生是信息加工的主体,是意义的主动建构者,而不是外部刺激的被动接受者和被灌输的对象。

6.2.2 教学理论

夸美纽斯的教学思想。捷克教育家扬·阿姆司·夸美纽斯(Johann Amos Comenius,1592—1670)在《大教学论》一书中,系统地阐述了他的教学思想。他认为教育是"把一切事物交给一切人类的全部艺术",认为人作为自然的一部分理应服从自然,应当将教学与自然界的事物发展相类比,开展教学活动必须以自然为借鉴的结论,并将"教育适应自然"作为创建新学校的主要原则和开展教学活动的主要依据。对于教学过程的逻辑顺序,他认为,教学的第一步是"感觉";教学的第二步是"理解和记忆";教学的第三步便是"判断"。根据夸美纽斯关于教学的逻辑步骤,我们可以将其操作程序归纳为"感知——理解,记忆——判断",他指出:"知识的开端永远必须来自感觉","学生首先应当学会理解事物,然后再去记忆它们","凡是没有被悟性彻底领会的事情,都不可用熟记的方法去学习","假如能使孩子们先运用他们的感官,然后运用记忆,然后再运用理解,最后才运用判断。这样才会次序井然;因为一切知识都是从感官的感知开始的;然后才由想象的媒介进入记忆的领域;随后才由具体事物的探讨对普遍事物产生理解;最后才有对于业已领会的事实的判断。"

赫尔巴特的教学思想。赫尔巴特认为教学目标通常有三个:德行,知识和兴趣,他十分强调知识的作用。他认为掌握知识是绝对必要的。德行、知识和兴趣三者是相互联系的，德行是最高目标，知识是具备德行的基础，而兴趣是联结德行和知识的桥梁。赫尔巴特认为，要能有效地给学生传授知识，必须按照儿童心理活动的规律去组织教学。而学生的学习过程也如人的心理过程一样，是一个“统觉”的过程，即是新经验和已经构成心理的旧经验联合的过程。新的经验只有同已在统觉团的旧经验发生联系时才能学到。因此教学的各环节必须要按儿童的学习过程有序进行，不能将没有关联的情景呈现给学生。那么，教师选择合适的教学内容和有序地组织教学便显得尤为重要。于是，赫尔巴特提出“明了—联合—系统—方法”的操作程序，试图为教师提供在任何条件下可普遍采用的教学范型。“明了“是指教师将教学内容分解成各个构成部分，尽可能简炼清楚地讲授，让学生对新知识有清楚明了的认识。在教法上可采用讲解、实例、演示等多种方法。这一阶段，教师应设法引起学生学习的兴趣，并使其将注意力集中到学习内容上。“联想”是指将“明了”阶段所获得的观念与原有的观念结合，在旧观念的基础上向新观念过渡。由于在新旧观念的联合过程中，学生还不知学习的结果如何，因此教师主要采用分析教学的方法。在这一阶段中教师应保持学生的注意力，促使学生积极地思考。“系统”是指学生在新旧观念联合的基础上，获得确切的定义和结论(新观念)。此时，要使分解成各个部分的教学内容形成整体，成为一个系统，在教学方法上教师多采用综合法。“方法”是指学生将系统化的知识加以运用并融会贯通地掌握。教师可采用让学生独立完成各种练习以及按要求修改作业、练习等方式。

杜威的教学思想。杜威认为教学目标不是为了未来生活做准备，而是为了解决现实的问题。让儿童学到个人应付环境、社会的实用手段，其核心是培养学生具有创造性的思维能力。怎样来实现这一目标，他提出了新的教学内容和操作程序。学生学习的内容不应是直接接受前人的经验，而主要是学习、组织、改造自己的经验。教学程序主要是通过自己的“做”，通过自己一系列的探索性活动来创造、积累经验，即"第一，学生要有一个真实的经验的情境——要有一个对活动本身感兴趣的连续的活动；第二，在这个情境内部产生一个真实的问题作为思维的刺激物；第三，他要占有知识的资料，从事必要的观察以对付这个问题；第四，他必须负责一步一步地展开他所想出的解决问题的方法；第五，他要有机会通过应用来检验他的想法，使这些想法意义明确，并且让他自己去发现它们是否有效"。简言之，其操作程序为"真实情境——产生问题——占有资料——解决方法——检验想法。"在操作以上程序时，要使探索过程自然和谐，就必须正确处理好师生关系。教师要充分调动学生探索求知的欲望，让学生通过自己的活动主动、积极地学习。

建构主义教学思想。在研究儿童认知发展基础上产生的建构主义，不仅形成了全新的学习理论，也正在形成全新的教学理论。建构主义学习理论和学习环境强调以学生为中心，不仅要求学生由外部刺激的被动接受者和知识的灌输对象转变为信息加工的主体、知识意义的主动建构者；而且要求教师要由知识的传授者、灌输者转变为学生主动建构意义的帮助者、促进者。可见在建构主义学习环境下，教师和学生的地位、作用和传统教学相比已发生很大变化。教学过程则是"分析教学目标——创设情境——协作学习——会话交流—意义建构"。"分析教学目标"的作用是确定学习主题。"情境创设"是指创设与当前学习主题相关的、尽可能真实的情境。"协作学习和会话交流"是指学生主动学习，同化和顺应知识。"意义建构"是指学习的最终目标是学习内容所反映的事物的性质、规律以及该事物与其他事物之间的内在联系达到较深刻的理解。

6.2.3 传播理论

教育是一种有目的、有组织的传播活动。当传播用于教育目的并具有教育相关性时，就称为教育传播。教育传播是由教育者按照一定的目的要求，选定合适的信息内容，通过有效的媒体通道，把知识、技能、思想、观念等传送给特定的教育对象的一种活动。是教育者和受教育者之间的信息交流活动。传播过程包含以下基本要素：传播者、信息、媒体、编码、译码、受播者、噪声反馈与效果等。

信息的传播需要通过一定的模式进行，传播模式是指通过科学的抽象，把传播的全过程分解为若干组成要素，然后分别研究各个组成要素在传播过程中所处的地位和作用，以及这些要素之间的相互联系和作用，并用最简要的方式描述出来。它们集中反映了传播学理论研究的成果，是传播理论的核心部分。

亚里斯多德传播模式。亚里斯多德传播模式是最早阐述传播过程的一个模式。这模式很简单，但扼要地列出了五个传播的要素：说话者、演讲内容、听众、场合及效果。亚里斯多德提出：说话的人为了取得不同的效果，要对不同的场合、为不同的听众构思其演讲的内容。这种模式被认为最适合用于公众演说这类传播过程。

拉斯韦尔传播模式。1948 年，哈罗德·拉斯韦尔(Harold Lasswell)在《社会传播的构造与功能》一文中，提出了传播过程的“5w”模式，即：谁(Who)，说了什么(Says what)，通过什么渠道(In Which Channel) ，对谁(To Whom)，取得了什么效果(With What Effect)。拉斯韦尔的“5w”模式对传播过程进行了简明的概括，提出了传播过程的五个要素，既传播者、信息、媒介、受传者和传播效果，并据此提出了传播学研究的五大部类：控制分析，即对传播者和信息来源的组织背景的研究；内容分析，即对传播内容即信息的研究；媒介分析，即对不同传播媒体的研究；对象分析，即对受传者的研究；效果分析，即对传播活动，对人的态度、价值观和行为等所产生的影响进行研究。

香农一韦弗传播模式。香农和韦弗(Warren Weaver)在 1949 年合著、出版的《通信的数学理论》一书中提出了一个传播的模式，这是一个把传播过程分成七个组成要素，带有反馈的双向传播模式，这一模式对传播过程的解释是这样的：从信息源中选出准备传播出去的信息，然后，这一信息经发射器（编码）转换为信号，信号通过一定的信道传送出去。在接收端，接收到信号之后，经接收器（解码）转换成符号并解释为信息的意义，最后为信宿——受播者所接收利用。受播者收到信息后，必然在生理、心理上产生反应，并通过各种形式给传播“反馈”信息。另外，在传播过程中还存在干扰信号，干扰信号可以影响到信源、编码、信道、译码、信宿等部分。香农一韦弗模式本身是为了解决工程技术领域的问题而提出的，但该理论在传播学领域得到了广泛的应用，对于有关传播模式与理论的发展，具有最重要的影响和启迪作用。但是，香农一韦弗模式旨在说明传播过程中的技术问题，而对传播的心理因素及讯息的意义并未加以考虑，在应用这一模式分析教育传播过程时，须认识到这一不足。

施拉姆传播模式。施拉姆对香农一韦弗模式的不足之处进行了改进，设计了关于“经验范围”的传播模式，该模式发表于1954年他的《大众传播的过程与效果》一文中。这一模式强调传授双方只有在其共同的经验范围之内，才能达到真正的交流，因为只有这个范围内的讯息才能为信息发送者与接受者所共享。施拉姆模式同样能说明香农一韦弗模式所关心的技术问题，但主要是用来说明传意、讯息的接受、对讯息的符号的理解等方面，涉及传播的心理因素。所以，施拉姆模式较适合说明教学传播过程。根据这一模式，教学过程中教师应充分考虑学生的知识基础、年龄、动机、兴趣、经验等，尽可能在师生双方”经验范围“相同的部分构成有效的教学传播，并以此为基础逐步扩大学生的经验范围。

贝罗传播模式。贝罗模式是香农一韦弗模式在社会学方面的一个发展。该模式对传播过程各要素的特征进行了明确的描述。贝罗（David K Berlo）在他的传播模式中把传播过程分解为四个要素：信息源、讯息、通道和受播者，并说明了影响信息源、接受者和讯息实现其传播功能的条件，说明信息传播可以通过不同的方式和渠道。贝罗模式也称为SMCR模式，该模式现在常被用来解释教育传播过程，它说明了在教育传播过程中，影响和决定教学信息传播的效率和效果的因素是多方面的、复杂的，各因素间既相互联系又相互制约，因而，要提高教育传播的效果，必须综合研究和考察各方面的因素。

韦斯特利和麦克莱恩传播模式。韦斯特利（Westley B H）和麦克莱恩（Maclean M S）于 1957 年在《传播研究的概念模式》一文中提出他们的传播模式，这一模式是对当时传播学领域的各种研究成果进行整理、综合的产物。如果 A 代表有意图的传播者，B 代表受播者，C 代表把关者，这一模式分析了 A，B，C 三者之间的内在联系，并指出了传播过程的交互性，注重了反馈的重要性。用这一模式解释教育传播过程时，A 为教学信息的编码者，C 为授课教师，B 为学习者。在教学传播程中，教师应选择多种教学信息，并重视学习者的反馈信息，教学信息编制者也应获得教师和学习者的反馈信息，提高所编教材、课件等的质量。

6.2.4 系统论

系统论是指研究系统思想和系统方法的哲学理论。又称系统观。辩证唯物主义认为，物质世界是由无数相互联系、相互依赖、相互制约、相互作用的事物和过程形成的统一体，这就是系统普遍存在的哲学基础。系统思想和系统方法又为辩证唯物主义的发展提供了素材。也有人将系统思想和一般系统论称为系统论，与控制论和信息论一起俗称三论。

系统教学论把教学视为一个有效实现教学目标的系统，研究可控制的，少数的要素，并根据它们之间产生的关系，来说明研究对象的性质和运动规律。系统论教学设计是指把教学过程作为一个完整的系统看待，主要在教学实施之前对教学的各个要素进行有效的设计，然后在教学实施过程中尽量按照预期的计划行事，计划贯彻得越完整越准确越好。另外，教学系统具有明确的预期目标，系统的中心工作是努力实现预定的教学目标。因此，有明确目标的、尽量合理的控制带有偶然性、复杂性和不确定性的教学活动就是系统论教学设计的基本思想。

6.3 教学模式优化的原则

6.3.1 接收科学的教学理论，并贯彻到教学模式设计中去

教学模式是一种具体化了、操作化了的教学思想或理论，它把某种教学理论或活动方式中最核心的部分用简化的形式反映出来，为人们提供了一个比抽象的理论具体得多的教学行为框架，具体地规定了教师的教学行为，使教师在课堂教学中有章可循，便于教师理解、把握。在课程教学模式优化设计中，必须贯彻科学的教学理论，使科学的教学理论具体化，可操作化。

6.3.2 运用先进的教学技术，并应用到教学模式设计中去

现代教育技术在教学中应用的主要优势是：多媒体展示的集成性、超文本链接的选取性、大容量存储的丰富性、高速传输的便捷性、人机交互的操作性、超时空交流的共享性。其突出功能表现为动态模拟展示、资料查询、模拟操作、写作交流、反馈练习、多媒体情景创设以及游戏等。不注重发挥这些功能与优势，将计算机只作为演示的工具，这是资源的极大浪费。以教学设计为主的系统方法是现代教育技术的重要组成部分。构建新型教学模式要科学地进行教学设计，在分析教材和学生的基础上，确立科学、全面、具体的教学目标，多方案选取教学策略，设计评价时机和方法，在实施中反馈修改，实现教学模式的优化。

6.3.3 树立科学的教学目标，将知识教育转变为素质教育

任何一种教学模式都是围绕着一定的教学目标设计的，一定

的教学目标下可以有多种教学模式。传授知识与素质培养是存在巨大区别的两种教学目标。知识的更新十分迅速，知识的教育难以跟上时代进步的步伐，应当顺应时代要求，将教学目标从知识教育转变到素质教育中来，在教学模式设计中，注重学生的自主能力、探索能力、创新能力的培养，为社会输送高素质的专业人才。

6.3.4 转变教学方式，将以"教"为主转变为"教""学"并重

传统的教师中心模式是："以教师为中心，教师利用讲解、板书和各种媒体作为教学的手段和方法向学生传授知识；学生则被动地接受教师传授的知识"。在这种模式中，教师是主动的施教者（知识的传授者、灌输者）；学生是外界刺激的被动接受者、知识灌输的对象；教材是教师向学生灌输的内容；教学媒体则是教师向学生灌输的方法、手段。目前西方流行的基于建构主义的学生中心模式可以概括为："以学生为中心，在整个教学过程中由教师起组织者、指导者、帮助者和促进者的作用，利用情境、协作、会话等学习环境要素充分发挥学生的主动性、积极性和首创精神，最终达到使学生有效地实现对当前所学知识的意义建构的目的。"在这种模式中，学生是知识意义的主动建构者；教师是教学过程的组织者、指导者、意义建构的帮助者、促进者；教材所提供的知识不再是教师传授的内容，而是学生主动建构意义的对象；媒体也不再是帮助教师传授知识的手段、方法，而是用来创设情境、进行协作学习和会话交流，即作为学生主动学习、协作式探索的认知工具。

"教学"并重模式则介于上述两种总模式之间，它不是以教师为中心，也不完全是以学生为中心，而是既发挥教师的主导作用，又要充分体现学生的认知主体作用，即要把"教师中心"和"学生中心"两者的长处吸收过来，而把两者的消极因素加以避免。

6.4 教学模式优化的步骤

6.4.1 设计科学的教学目标

设计科学的教学目标，将知识教育转变为素质教育。在专业人才培养目标的确定，以及课程教学模式设计中，充分贯彻“素质教育”理念，将重教师“知识的传授”转变为重学生“自主学习和创新能力的培养”。

6.4.2 设计科学的教学计划

教学计划是教学模式的重要组成部分。教学计划的科学与否，直接关系到教学模式的功能和效用高低，以及教学目标的实现与否。科学的教学计划要充分体现教学目标的要求，为教学目标的实现服务。

6.4.3 设计专业课程教学任务

专业课程教学任务是专业教学目标的具体体现。教学计划要科学安排专业课程体系，以及各课程之间的相互关系。在充分重视通识课程教学的同时，科学、合理地安排专业必修课程和专业选修课程，并明确各课程的主要教学任务。

6.4.4 设计专业课程教学内容

确定各专业课程的主要教学内容，就是要明确专业课程教学的重点、难点，确定理论知识的掌握程度和技术的应用能力高低。并尽可能地避免专业课程之间教学内容的重复和交叉。

6.4.5 设计专业课程教学程序

根据专业课程内容及其特点，设计科学、合理的教育传播模式，将教学内容通过有效的途径传播给学生，并通过有效的信息反馈提高传播效果。

6.4.6 设计合理的教学辅助系统

教学辅助系统包括软、硬件系统。应当充分利用先进的教学技术，创设有利于提高教学效果的软、硬件环境，充分发挥技术优势，注重培养师资力量，将技术资源和高素质师资力量充分整合到教学过程中去，提高教学效果。

6.4.7 设计科学的教学评价体系

教学效果的好坏，应当通过有效的方式进行评价。设计科学合理的教学效果评价体系，有利于科学、充分、全面、合理地评价学生在自主学习能力、创新能力等素质上的变化。

6.5 传统的土地资源管理专业课程教学模式

6.5.1 教学理论依据

在传统的土地管理专业课程教学模式中，通常以行为主义学习理论作为指导，强调刺激——反应，以传授系统知识，培养基本技能为目标，其着眼点在于充分挖掘人的理性认识与间接经验在掌握知识技能方面的潜能，以使学生比较迅速有效地在单位时间内掌握较多的信息。

6.5.2 教学目标

在传统的土地资源管理教学模式中，教学目标的设立也以教材知识的掌握为中心。通过使用指定教材，按照教学大纲的要求，要求学生掌握重点，适度掌握难点，并具备一定的动手能力，能分析解决实际问题。

6.5.3 教学程序

传统教学模式的教学基本程序是:讲—听—记—练—考。“讲”是指教师的课堂讲授和板书,通常占课时的70%—90%左右;“听”是指学生被动听课,教师讲授的内容同时也是学生接受的内容;“记”是指教师安排一定的时间让学生背记课堂讲授的内容,如原理、概念、程序等;“练”是指教师安排一定数量的习题或作业,用以巩固课堂讲授内容;“考”是指教师将课堂讲授的内容以各种类型的考题,让学生在规定的时间内予以解答,然后以固定的标准予以评价。

6.6 传统的土地资源管理专业课程教学模式存在的问题

6.6.1 教学内容同质化,缺乏“双创”人才培育条件

一个专业的专业基础课和专业课是相互关联的,后续课程经常要引用前续课程的相关内容,课程之间有部分内容重复,其重复部分由于作者或教师的理解不同,学生接受到的相同内容的信息是有差异的,并且学生对此十分不解。例如,在土地资源专业的专业课和专业基础课中,需要讲述“地籍概念”的课程就有土地管理概论、地籍测量、地籍管理、土地法、土地信息系统等,由于各门课程对地籍概念解析有差异,造成学生的重复之感。另外在教学过程中,同专业的学生接受同样内容的学习,选修课程设置对于动辄近百人的专业学生来说,也很难做到源于学生个性发展差异的专业知识的学习。在“大众创业、万众创新”背景下,具有创新意识和创业能力的专业人才的培养需要与时俱进、开放性的、差别化的课程教学内容的设置才能实现。

6.6.2 教与学互动不足

“教”的本义是指把知识和技能传授给别人,“学”的本义是学

习,在《广雅》中有“学,识也”。在《论语》中有“学而时习之”。由此看来,“教学”指教师传授给学生知识、技能,学生必需用心理解并时常温习。因此在教学中,教师要把知识和技能准确地传授给学生,学生要准确的接受它并理解它,因此教与学是一个互动的过程。从现行教学来看,由于教学方法单一,不少教师又不能因材施教,或受教学资源与环境不足的影响,教与学的互动存在严重不足。教学手段僵硬化,教学过程缺少互动。教师在讲台上“教”,学生在讲台下“学”,“教”与“学”成为两个彼此疏离的过程,教师成为教学中的“唯一主体”。作为教学活动中的另一个“主体”的学生没有真正以“主体”的身份参与教学过程中,也就做不到“教学相长”。僵化单一的教学手段和缺少互动的教学过程培养出的学生缺少对自身学业的自治和自主意识,对于其与他人互动交流也得不到很好的锻炼。具体如该讨论的内容没有讨论,该进行实习的没有实习,该有案例分析的没有案例分析,老师也很少在课堂上提问题,等等。

6.6.3　教学环境不完整或缺乏调动

教学环境是指为教学工作所需要的软件和硬件,软件包括各类指导书、实习任务书、习题集、调查表格、专业信息系统、办公软件、基础资料或数据、多媒体课件等,硬件是指实习场地、仪器设备、计算机网络等。在传统的教学模式下,教学活动是在有固定课桌椅的教室里面开展的。教师将教材中的内容以课堂讲授的方式传递给学生,有的课程是因为软件和硬件缺乏或不完善,时常使教师无法对课程中的某些内容进行切合实际的教学;有的课程是教帅没有充分调动这些教学资源和充分利用教学环境来进行教学工作,而有的教师根本不知道怎样来利用这些教学资源和环境,首先是学校教学制度和管理的导向对教师的教学态度产生重要影响,有的教师不去认真研究和改进教学方法,有的教师素质也存在问题。同时由于课堂容量限制,外延式的教学难以充分展开,教学活动更多的是从教材到讲台,这种二维平面式的教学形式相对枯燥，很难提升学生学习兴趣，教学效果就很难得到保证。单一的教学环境与信息化、网络化社会的发展以及学生所接受的海量多源信息的现状不相适应。教学环境单一化，难以突破从教材到讲台。

6.6.4 课程体系评价机制不完善

课程体系评价是研究课程体系某些方面或全部价值的过程，其评价内容包括教师对于课程体系的评价、课程体系设计的评价、在校学生的评价、毕业学生的评价以及不同院校之间的比较。目前高等院校对于前三个评价做得多，并且建立了一套较为有效的评价指标体系，但是对于课程体系评价的反馈机制即毕业学生的评价和不同院校之间的比较分析评价却做得不够，这一方面可能是课程体系改革内容中最为重要的部分，因为教师、在校学生以及课程体系的评价有其狭隘性、片面性，只有通过不同院校之间的对比反馈和毕业学生的事后反馈，才能了解课程体系的先进性和对社会经济发展的适应性，从而为实施土地资源管理课程体系建设与改革提供基础。一些高校在教学评价中采用“督导＋同行＋学生”打分的方式对教师的课程教学效果进行评价，以学部作为评价分组。这种评价方式虽然考虑了学部之间的区别，但是缺乏对专业和课程个性化考虑，采用格式化的评价体系对不同性质的课程进行评价，使不同专业之间的差异和理论类课程与实践类课程区别很难体现出来，不能反映学科和课程特色。

6.6.5 双语教学比较匮乏

随着国际经济一体化的发展，国际交流的广泛开展，高等教育现代化、国际化成为高等教育的必然要求。为使培养出的学生了解最前沿的专业知识，适应国际经济发展的需求，各高校都需根据实际需要实现部分的双语授课，特别是海南地区作为我国的一个重要对外交流的窗口，更需要注重双语教学。土地资源管理作为政府的一项行政工作，服务对象十分广泛，而海南大学作为海南省唯一开设土地资源管理专业的高校，在海南建立自贸港（区）的背景下，需要加强双语教学来培养专业能力更强的人才。目前，海南大学土地资源管理专业已有专业英语课程，但该课程为选修课，并非所有学生都能上该课程，另外受师资力量等的限制，英汉双语授课专业现状与教育部的相关要求还有差距。土地资源管理专业的中英双语授课更加薄弱，目前专业课的双语授课也比较匮乏。

6.7 土地资源管理专业课程教学模式优化设计

6.7.1 专业课程教学目标设计

任何教学模式都指向和完成一定的教学目标。在教学模式结构中教学目标处于核心地位，并对构成教学模式的其他因素起着制约作用，它决定着教学模式的操作程序和师生组合，也是教学评价的标准和尺度。不同的教学模式是为了完成一定的教学目标服务的。

土地管理专业课程的教学目标必须服务于土地管理专业培养目标，体现土地管理专业培养目标。土地管理专业培养目标适应不同的社会需要可以分为不同的层次。土地管理专业专科培养目标、本科培养目标、硕士研究生培养目标、博士研究生培养目标等。应当针对不同层次的培养目标，确定专业课程教学目标。如土地管理专业本科培养目标可确定为：掌握土地管理专业基础理论，了解土地管理学科前沿理论，熟练运用土地管理基础技术，了解土地管理前沿科技，具备运用所学理论和技术分析土地管理问题，解决土地管理问题能力，德、智、体全面发展的高级专门人才。

根据土地管理专业培养目标，土地管理专业课程教学目标就是：提出学习目标，激发学习动机，提供土地管理基础理论及理论前沿动态，土地管理基础技术及技术发展动态学习资料，创设学习情境，引导、组织学生思考、讨论、探索，促使学生了解、掌握、分析、运用土地管理理论和技术。

根据土地管理专业课程教学目标，《土地管理学》的课程教学目标就是：通过供土地管理学的理论和技术学习资料，创设学习情境，引导、组织学生思考、讨论、探索学习内容，最终掌握土地管理基础理论和基础技术，了解土地管理学科发展前沿，具备分析、解决土地管理问题的基本技能的能力。

6.7.2 专业课程教学计划设计

专业课程教学计划是专业教学计划的组成部分。专业教学计划包括专业培养目标、专业教养任务、专业课程体系、学分、学制等内容。而专业课程教学技术仅指专业教学计划中专业课程体系部分。专业课程教学计划应当包括专业课程体系、专业课程教学顺序、专业课程的学分设置、专业课程的课时安排等。

专业课程体系按培养要求一般分为专业必修课程和专业选修课程。专业课程体系按其地位和作用又可分为专业基础课程和专业课程。要达到专业培养目标，就必须对专业课程体系做合理设置。土地管理专业本科的专业课程体系分专业基础课程和专业课程。专业基础课程中，必修课程一般包括高等数学、测量与地籍测量学、地图制图学、地理学、生态环境学、土地资源学、土地管理学等；选修课程应当包括经济学、土地法学等课程；专业课程中，必修课程应当包括土地利用规划学、土地评价、土地经济学、房地产估价、土地信息系统等课程；选修课程应当包括公共管理学、环境学、计算机技术等课程。

专业课程的教学顺序是指专业课程教学的先后时序。一般应当将专业基础课放在前面，将专业课程放在后面；将必修课放在前面，选修课放在后面。如土地管理专业课程教学中，应当将高等数学、英语、测量学、资源学、土地管理学等放在前面，而将专业课中的选修课安排在后面。在同一性质的课程内部，应当按照课程之间的理论与技术衔接性，优先安排先导性课程。

专业课程的学分设置是指按照各专业课程的重要程度、内容多少、难易程度等确定的在整个专业课程体系中的权重。一般而言，专业基础课程、教学内容庞大、理论或技术难度高的课程，相应学分也应当较高，反之则可低一些。同时，为达到专业培养目标，还应指定必修课程的总学分，最低的选修课程总学分等指标，促使学生理论与技术同进，德、智、体全面发展。

专业课程的课时安排，一般与学分设置保持一致。学分高的课时也多，学分少的课时也少。可以按照总学分和总课时确定专业课程的学分与课时之间的比例关系，如 16 个课时 1 个学分。

6.7.3 专业课程教学任务设计

专业课程教学任务是对专业课程教学目标和教学计划的实施要求。一般来说，土地管理专业课程的教学任务应当包含以下几个方面。

(1)激发学习动机

通过介绍课程学习的意义和目的，激发学习自主学习的动机。在土地管理专业课程教学中，要首先介绍土地管理专业课程教学的目的和意义，并将各课程的主要教学内容和教学目标分解，明确告知学生。

(2)提供学习资料

提供可供学生自主学习的理论和技术、统计数据和图表等资料，为学生的思考、讨论、探索提供素材。在土地管理专业课程教学中，教师应当广泛收集和提供土地管理理论资料，技术资料，案例资料，调查资料等，为学生的分析、讨论、判断、解决问题提供必要的素材。

(3)创设学习情境

教师要创设一种有利于学生接受的气氛或问题的情境，在这种情境中学生进行开放式探索，学生不受任何束缚可以尽情地、毫无顾忌地发表自己的任何观点。在土地管理专业课程教学中，可以充分利用统计调查数据、图件、案例等，创设有利于学生主动学习的良好情境。

(4)引导学生思考、讨论、探索

教师应当适时引导学生进行思考、讨论和探索，帮助学生澄清和明确自己的意识，引导学生对探索的结果进行反思和讨论，促使学生发挥自己的潜能，愉快地、创造性地学习。

在土地管理专业课程教学中，应当根据教学内容，通过提供学习材料，提出问题，组织讨论，总结结论，示范演练等方式，引导学生自主学习，培养创新精神。

(5)组织实验和实践

教师应当根据教学内容和教学目标，针对性地组织学生进行实验和社会实践。通过提供实验条件，介绍仪器设备，提出实验目标，演示实验程序，组织学生进行实验。对一些实践性较强的问题，则可通过提供调查条件，提出调查目的和要求，介绍调查对象，安排实践经费，组织学生开展社会实践，在实践是检验理论，学习技术。

在土地管理专业课程教学中，必须重视实验和实践。如测量学教学中，在讲解测量原理，介绍测量仪器设备的同时，必须安排学生亲自对手，实地演习，在具体操作过程中领悟测量原理，掌握测量技术。

(6)评价教学效果

教师应当根据教学内容和教学方式，设计教学效果评价体系，合理、充分、科学、多角度、多层次地评价学生在自主学习、创新能力上的变化。

在土地管理专业课程教学中，可以通过考试、考查、面试、课程论文、课程设计、实践等方式进行教学效果评价。

6.7.4 专业课程教学内容设计

专业课程教学内容设计是课程教学模式设计中十分重要的组成部分。专业课程教学内容设计应当本着基础与前沿相结合，理论与技术相结合,实体与程序相结合,广度与深度并重的原则,在保证内容体系的全面性、完整性的同时,针对授课对象特点,突出教学重点和难点,并提出具体的要求。一般情况下,对理论部分,要根据内容分别提出掌握或了解的要求;对技术部分,则分别提出认知和应用的要求。

(1)教学大纲设计

教学大纲设计主要是指对教学内容、重点、难点和具体要求的总体设计。一般情况下,教学内容应当分出章节,每一章每一节都有具体内容,各部分内容均有重点、难点和具体要求。

教学内容设计。对教学内容按照基础与前沿相结合、理论与技术相结合、实体与程序相结合、广度与深度相结合的原则,进行全面设计,列出主题。如在《土地管理学》课程教学中,按照科学方法论,将基本内容列为四大部分:为什么进行土地管理,怎样进行土地管理,对土地的哪些方面进行管理,土地管理的效益如何。其中“为什么进行土地管理”是“土地管理学”的本体论;“怎样进行土地管理”则是“土地管理学”的方法论;“对土地的哪些方面进行管理”是“土地管理学”的范畴论;“土地管理的效益如何”则是“土地管理学”的价值论。在一级内容下,在设计二级内容,二级内容下,还可设计三级内容等。如在“为什么进行土地管理”一级内容中,包含土地的内涵、土地管理的内涵,土地的功能,土地管理的目标,土地管理的意义等方面的二级内容。

教学重点设计。教学重点是教学内容中针对特定的授课对象设计的必须熟练掌握和应用的部分。重点内容的设计关系到教学目标的实现,重点内容一般均要求学生理论部分达到掌握要求,技术部分达到应用要求。如在土地管理专业本科《土地管理学》课程教学中,“为什么进行土地管理”的重点内容,应当包括土地的内涵,土地的特性和功能,土地管理的内涵,土地管理的目标。“怎样进行土地管理”应当包括土地管理的基础理论,土地管理的基础技术,土地管理的手段等重点内容。“对土地的哪些方面进行管理”应当包括土地利用管理,土地产权管理等重点内容;

"土地管理效益如何"应当包括土地管理的经济效益,土地管理的生态效益,土地管理的社会效益等重点内容。

教学难点设计。教学难点是指教学内容中针对特定的授课对象设计的需要运用较全面的理论和较高深的技术知识进行系统性分析和掌握的部分。难点内容的设计同样关系到教学目标的实现。如在土地管理专业本科《土地管理学》课程教学中,"为什么进行土地管理"的难点内容,包括土地的内涵,土地的特性,土地的分类问题等;"怎样进行土地管理"的难点内容有土地管理的理论基础,技术基础等;"对土地的哪些方面进行管理"的难点内容有土地利用规划,土地保护,土地产权等;"土地管理的效益如何"的难点内容有土地管理经济效益评价,土地管理生态效益评价,土地管理社会效益评价等。

教学要求设计。教学要求按照教学内容不同而不同,一般情况下,可将教学内容分为理论部分和技术部分。理论部分的教学要求有两个不同的层次,第一层次的要求是掌握,对教学内容中的重点内容,要求必须掌握;第二层次的要求是了解,对教学内容中的非重点部分和一些难点问题,可以要求只作了解。技术部分的教学要求也有两个不同层次,第一层次的要求是认知,即对技术的操作过程、仪器、设备的认知,对一些简单的仪器、设备和操作过程,可以仅要求认知;第二层次的要求是运用,对教学内容中的重点部分,仅仅认知是不够的,还需要作深一层次的要求,那就是在认知的基础上进行实际运用。

(2)教学内容的课时设计

教学大纲中已列出教学内容,以及教学重点和难点。在课堂教学中,还需对各部分教学内容的课时分配进行设计。

教学内容的课时设计应当根据教学内容、重点和难点的多少进行安排。课时分配要本着与教学计划相吻合,与专业课程体系计划相吻合,与课程重点、难点内容的分配相吻合等原则,合理匹配,科学安排。

6.7.5 专业课程教学程序设计

专业课程教学程序是指教学内容从教师、教材到学生的传播程序。根据教学指导思想，教学目标，教学内容，教师，学生等多因素的不同，教学程序也有多种模式。教师可以根据课程教学需要，设计符合教学目标和要求的教学程序。

(1)传递—接受式教学程序

传递—接受式教学程序以系统知识、培养基本技能为目标，其着眼点在于充分挖掘人的理性认识与间接经验在掌握知识技能方面的潜能，以使学生比较迅速有效地在单位时间内掌握较多的信息。

传递—接受式教学基本程序是：激发学习动机—复习旧课—讲授新课—巩固运用—检查评价。

(2)自学—辅导式教学程序

自学—辅助式教学程序是在教师指导下学生自己独立进行学习的模式，这种教学模式是在培养学生独立思考能力，培养学生自我学习能力的教学思想指导下，在不断实践、实验基础上形成的。

自学—辅导式教学的基本程序是：自学—讨论—启发—练习—总结。其中自学是核心程序和主要教学活动。

(3)引导—发现式教学程序

引导—发现式教学程序是以问题解决为中心，注重学生独立活动，着眼于思维力和意志力培养的教学模式。

引导—发现式教学基本程序是：问题—假设—验证—总结提高。

(4)情境—陶冶式教学程序

情境—陶冶教学程序是使学生处在创设的教学环境中，运用学生的无意识心理活动和情感，加强有意识的理性学习活动的教学模式。

情境—陶冶式教学基本程序是：创设情境—参与各类活动—

总结转化。指教师根据教学目标通过语言描绘、实物演示、音乐渲染或场景表演等手段构成生动形象的教学情境，以激发学生的学习情绪，学生通过种种方式在特定的气氛中，积极地、全身心地投入创设情境的活动之中，并通过教师的启发与总结，使学生实现科学知识和道德情感的内化。

(5)示范—模仿式教学程序

示范—模仿教学程序是指通过教师讲解、示范，学生进行参与性的练习而获得知识技能的一种教学模式，多用于以训练行为技能为目的的教学。

示范—模仿式教学基本程序是：定向—参与性训练—自主练习—迁移。教师对学生解释完成技能的操作原理和程序，以及掌握行为技能的要领，对学生作形体演示。学生在教师的指导下，从模仿分解动作入手，参与尝试性练习，通过反复练习，消除错误动作，熟练掌握行为技能，并通过应用所获得的知识和技术，将其迁移至其他学习情景中。

(6)掌握学习教学程序

掌握学习程序是布鲁姆基于“任何教师实际上都能帮助他的所有学生获得优异成绩”这一信念而提出来的，为了帮助教师确定教学内容并进行教学评价，他把教学目标分为知识、理解、应用、分析、综合、评价六类，通过这六类教学目标的实现使学生的知识和能力都得到发展。

掌握学习教学基本程序是：定向—单元掌握—形成性测验—终结性测验。教师首先向学生展示教学目标，说明学什么，怎么学，达到什么程度，为学生的学习定向。教学要按事先划分好的单元序列进行教学，以保证对每个学生的学习进行严格控制。在学习完每一单元后，对全班进行单元形成性测验，对未达到成绩者，采用集体、小组或个别矫正的方式进行矫正，最后进行终结性测评，评定学生成绩的等级。

参考文献

[1]刘艳中,陈勇,盛建龙,叶义成,王巧稚．产教研融合的土地规划课程教学模式改革探索[J]. 教育教学论坛,2016(39):112－114.

[2]田素燕,郑秀文,马军．建构主义理论的研究型实验教学模式探究[J]. 山东化工,2019,48(17):205－207.

[3]鲁春阳,文枫,张宏敏．管理学科工科化视阈下土地资源管理专业课程体系优化：以河南城建学院为例[J]. 农村经济与科技,2012,23(7):164－165.

[4]吴壮金,严志强,廖赤眉．土地资源管理专业课程体系优化的理论与实践研究－以广西师范学院土地资源管理专业为例[J]. 广西师范学院学报(哲学社会科学版),2006,27(1):20－25.

[5]布仁．浅谈国家宏观调控政策与高校土地利用规划学教学改革[J]. 内蒙古师范大学学报(教育科学版). 2014(01):86－89.

[6]高进云,胡伟艳,乔荣锋．资源环境与城乡规划管理专业土地利用规划学课程案例教学实施探讨[J]. 高等农业教育. 2011(09):80－82＋86.

[7]杨君,王翠红,林瑜,段建南．不同专业"土地利用规划"课程设置比较研究——以湖南农业大学为例[J]. 中国地质教育. 2009(03):87－90.

[8]韦燕飞,周兴,严志强,朱文．模拟教学法在"土地规划学"课程教学改革中的应用研究[J]. 高等理科教育．2009(01):139－142.

[9]付梅臣,王金满,王广军,姚林君．"土地利用规划学"课程体系设置与教学改革探讨[J]. 中国地质教育．2007(03):88－92.

[10]梅昀,陈银蓉．略论土地管理专业人才培养与土地利用规划学教学改革[J]. 华中农业大学学报(社会科学版). 2006(06):128－132.

[11]汤江龙,李大军．土地利用规划课程体系的优化与重组[J]．理工高教研究．2005(04):115－117．

[12]张立新．改革传统教学模式,推进创新教育[J]．安徽教育学院学报．2001(4):98－99．

7 大学生特色科研实践活动

目前我国经济处于转型期，制造业技术进步较大，急需大量的中、高级技术人才，同时我国高等教育向大众化方向发展进度加快，综合性本科院校对人才培养目标和办学定位必须重新认定，找准自己在高等教育结构中的位置，构建具有特色的办学模式和教育模式，从不同的方位满足社会发展的多维需求，通过社会化和个性化的完美结合，承担更大的社会责任。从国家到地方教育部门越来越重视特色教育的发展，充分发挥教育科研的引领、提升、推动作用。在坚实教育本色的基础上加快教育科研创新实践活动，点亮“金字塔教科研模型”塔尖，提升教育成果，培育教育特色，塑造教育品牌，促进教育内涵发展，真正做到“教学立专业”“科研强专业”“人才兴专业”，实现“科研兴校”“科研兴教”“科研兴师”。

大学生特色科研实践活动作为校园文化的一部分，对大学生的成长有着重要作用和积极的现实意义。大学生特色科研实践活动旨在着重培养学生创造性地运用课堂知识解决实际问题的能力，培养宽基础、高素质、动手能力强的创新人才，同时，这也是帮助学生了解专业领域及发展方向，稳定专业思想及拓宽学识才干的有效方法。

通过特色科研实践活动，一方面可以让大学生了解专业发展前景，明白本专业在社会生活中的作用，知道自己该学习和掌握哪些知识，该在何处钻研，树立明确的学习目标。另一方面，让学生自己动手操作，锻炼应用能力，增强学习积极性、自觉性、主动性，更重要的一方面是在特色科研实践过程中，学生不断地了解本学科的科研动态，认识到本学科应用前景，发现有许多东西需要研究、探索，从而端正自己的学习态度。同时，专业学科之间是相互关联的，本学科的研究，经常要借助其他学科才能进行，学生在科研过程中，不但学科之间厚此薄彼的态度会慢慢得到改变，而且还会促进学科间的融合，这对稳定专业思想，拓宽学识才干无疑有着重要作用。

大学生特色科研实践活动有助于优化教学，建立良好的学风、教风。开展大学生特色科研实践活动，没有扎实的专业基础或专业知识是行不通的，这必然会使学生认识到因知识不足而产生危机感、紧迫感，主动地抓紧时间学习，成倍汲取专业及相关知识，大幅度扩大自己的知识面。在加强个人知识获取同时，自然会重视吸取教师在课堂上讲授的精华，课堂纪律、学习效果就会随之好转。与此同时，因为学生好学，勤于思考，对教学内容理解不断加深，层次不断提高，对书本上问题提出新的见解及新的思考，对授课老师的要求就会变得更高，这无疑给老师施加了无形压力，必然使老师产生紧迫感，迫使老师也不断地学习，不断完善和充实授课内容，改进教学方法，以满足学生的求知欲，达到良好的效果。

大学生特色科研实践活动也是培养学生勤于思考、善于发现、吃苦耐劳、大胆创新等优良作风的有效途径。科研工作是艰苦、复杂、繁琐的，工作的开展与进行又要求有敏锐的观察力和洞察力，有较强的逻辑思维与判断能力，善于发现问题，敢于创新。科学研究，尤其是科学试验，只有有敏锐、细致的观察力，才能捕捉一些转瞬即逝的某些有价值的现象，经过认真的思考、分析，才会有新的发现、新的启示。大学生特色科研实践活动带有探索性，但做起来往往是辛苦的，工作强度大，实验时间长，有时还必须牺牲个人的休息和学习时间，同时还要有吃苦耐劳的精神和坚持干到底的信心和毅力，学生在进行特色科研活动过程中，只要认真地对待，就会自觉不自觉地受到熏陶，养成良好求学作风，同时也容易培养学生在特色科研实践活动中的获得感。

7.1 能力本位的人才培养教育理念

随着知识经济时代的来临,能力将成为知识经济时代支配和操纵社会与人的发展的主导力量,人们只有依靠能力才能实现其价值。实施素质教育,以培养学生的创新精神和实践能力为重点,其实质就是解决“重知轻能”“高分低能”的问题,确立“能力为本”的概念。

7.1.1 能力本位教育的概念

能力本位教育思潮是始于 20 世纪 60 年代的一股世界范围的职业教育与培训思潮。它以重视获得岗位操作能力为目标,提倡以能力为基础的职业教育体系。其思想最初来源于美国二战后对退役人员的转业训练。20 世纪 60 年代被用于美国职业教育的师资培训,后传到加拿大,80 年代又逐渐推广到了欧亚及澳洲等许多国家和地区,对职业教育与培训产生了深远影响。尤其是 20 世纪 80 年代中后期及 90 年代初,主要的英联邦国家,如英国、澳大利亚、新西兰,先后根据能力本位职教思想重新构建了国家的职业教育与培训体系,把能力本位职业教育思潮推向了一个新的高度。20 世纪 90 年代初能力本位职教思潮又经加拿大的引介登陆中国。由于能力本位职业教育显著的优越性,它引起了世界范围内的广泛关注,一度成为世界职教教学改革的发展方向,和国际上颇为流行的职教改革思潮。

能力本位教育(Competency Based Education,简称 CBE),以美国、加拿大为代表,产生于二次大战后,源于美国在第二次世界大战期间对技术工人的再培训,使之掌握机械、枪弹制造等技能。具体来说,是指围绕职业工作岗位所要求的知识、技能和能力组织课程与教学的教学体系,把培养学生的职业能力作为职业技术教育根本目的的教育思想。在西方国家比较流行。通常采用

DACUM课程开发模式。制定明确、具体的行为化教学目标，作为实施教学的依据和评价学生的标准。其体系中的个性化教学能适应学生不同情况和特点，最终使学生都能达到预定的职业能力水平。核心是从职业岗位的需要出发，确定能力目标。通过学校聘请行业中一批具有代表性的专家组成专业委员会，按照岗位群的需要，层层分解，确定从事行业所应具备的能力，明确培养目标。然后，再由学校组织相关教学人员，以这些能力为目标，设置课程、组织教学内容，最后考核是否达到这些能力要求。

它强调以能力作为教学的基础，而不是以学历或学术知识体系为基础，对入学学员原有经验所获得的能力经考核后予以承认；强调严格的科学管理，灵活多样的办学形式。随时招收不同程度的学生并按自己的情况决定学习方式和时间，课程可以长短不一，毕业时间也不一致，做到小批量、多品种、高质量，从而打破了传统以学科为科目，以学科的学术体系和学制确定的学时安排教学和学习的教育体系。以岗位群所需职业能力的培养为核心，保证了职业能力培养目标的顺利实现。

7.1.2 能力本位教育的形成与发展

以强调岗位能力为核心的能力本位教育思想形成于美国的20世纪六七十年代。20世纪60年代，在美国的课程改革运动中，人们把对当时教育质量的不满归结为教师的教育、教学能力不足。于是要求改革师范教育，提高教师与教学有效性相关的能力。1967年，能力本位教育作为新方案被提出来以取代传统学科培养教师的师范教育。这种方案主张将对教师工作分析的结果具体化为教师必须具备的能力标准。到20世纪70年代，能力本位教育思想日渐成熟并开始运用到职业教育和培训中来，并被广泛应用于北美和世界其他一些地区的职业教育和培训中，其中尤以北美盛行。

当时人们对“能力”本质的理解非常狭隘，是行为主义的，即根据一系列具体的、孤立的行为来界定“能力”，等同于“操作能力""动手能力",而这些行为往往与一项项被细致地分解的工作任务相联系,其目的在于使能力能够明确地陈述出来。显然这里的"任务"即"能力"。当人们意识到:即使一个人能够完成已经明确规定的任何细小任务,他也不一定就能成为一名成功者时,这种理念很快就被人冷落了。到了20世纪80年代中后期,能力本位的教育和培训理念又重新兴起,并且成为世纪之交职业教育和培训改革的主导理念,这与产业界强烈要求提高劳动者的职业能力相关。当时的企业界普遍反映:现行的职业教育与就业需求不直接相关的现象十分严重,只注重知识与理论的获得,而非实际的操作能力。认为,受训人员在岗位上所表现出来的实际操作能力才是职业能力的体现。职业能力包括:专业能力、方法能力、社会能力等。时至20世纪90年代,能力本位思潮盛行后期,又提出了"关键能力"。

7.1.3 能力本位教育的基本内容

能力本位教育以全面分析职业角色活动为出发点,以提供产业界和社会对培训对象履行岗位职责所需要的能力为基本原则,强调学员在学习过程中的主导地位,其核心是如何使学员具备从事某一职业所必需的实际能力。它是以从事某一具体职业所必需具备的能力为出发点来确定培养目标、设计教学内容、方法和过程、评估教学效果的一种教学思想与实践模式。由于各国或各学校对能力本位教育的理解不同,所以在实践中的具体做法也不尽相同,因而能力本位教育在不同地区或机构被视为一种"学习过程的管理"、"职业技术教育的系统开发计划"、"课程开发模式"或"教学模式"。

能力本位教育中的"能力"是指一种综合的职业能力,它包括四个方面:与本职相关的知识、态度、经验(活动的领域)、反馈(评价、评估的领域)。四方面均达到才构成了一种"专项能力",专项能力以一个学习模块的形式表现出来。若干专项能力又构成了一项"综合能力",若干综合能力又构成某种"职业能力"。

能力本位教育的五大要素如下。

(1)以职业能力为教育的基础,并以之作为培养目标和教育评价的标准;以通过职业分析确定的综合能力作为学习的科目,以职业能力分析表所列专项能力的由易到难的顺序安排教学和学习计划。

(2)以能力为教学的基础。根据一定的能力观分析和确定能力标准;将能力标准转换为课程,通常采用模块化课程。

(3)强调学生的自我学习和自我评价。以能力标准为参照,评价学生多项能力,即采用标准参照评价而非常模参照评价。

(4)教学上的灵活多样和管理上的严格科学。通常采用适应个别化差异的个别化教学。

(5)授予相应的职业资格证书或学分。

7.1.4 能力本位教育的影响与评价

(1)能力本位教育的影响

由上可知,能力本位教育最大特点是整个教学目标的基点是如何使受教育者具备从事某一种职业所必需的能力,因此目标很具体,针对性强。为了做到这一点,就必须要强化行业用人部门和学校教育部门间的紧密合作。同时,由于在制定教学计划时对各项岗位要求进行系统分析,再组成一系列教学模块或单元,使不同起点、不同要求的受教育者都能根据自己的情况取舍,所以具有很大的灵活性,对沟通职前和职后的培训,正规和非正规教育都有好处。在教学组织管理上也自然突出了个别化的特点。与传统的职教教学模式相比,能力本位教育具有四方面的优势:能力本位职业教育的教学目标明确,且针对性和可操作性强;课程内容以职业分析为基础,把理论知识与实践技能训练结合起来,打破了僵化的学科课程体系;重视学习者个别化学习,以学习者的学习活动为中心,注重“学”而非注重“教”;反馈及时,评价客观,为标准参照评价。不过能力本位职教思潮的优势特色中也存在着自身的局限性:在教育目的上存在着重视行为、忽视品德的倾向;在教育方法上强调针对具体工作进行培训,使日后的职业迁移性和继续学业受到影响。

(2)能力本位教育的评价

能力本位思想孕育着一种崭新的教育评价尺度和配置人力资源的重要原则,它不同于传统的知识本位、学科本位的职教价值观,它为职业教育体系改革提供了新的思想动力。在能力本位思潮影响下采用的一些方法和手段,如进行职业分析、按应备能力设计教学内容、发展产学合作的教育形式等也有效地缩小了职业教育与经济发展的距离。尽管能力本位职教思潮日益为素质本位、人格本位职教思潮所取代,但它的基本思想、它对能力的强调至今仍有市场。

7.2 大学生参加科研活动的措施

大学生科研是高校培养学生创新能力的有效途径。大学生参与科研训练起源于 1969 年美国麻省理工学院开创的"大学生研究机会计划",它是高校培养学生创新能力的有效途径。这种人才培养模式一经问世,就获得了全世界各高校的高度认可和推崇。我国国内重点高校清华大学、浙江大学在 20 世纪 90 年代中期开始效仿麻省理工学院的做法,开始实施大学生科研训练计划[①]。近几年来,大学生参与科研训练在我国已经蔚然成风,越来越多的院校加入这一行列。目前国内许多地方高校也跟随其后,先后启动了大学生科研训练计划。国内重点高校经过近 20 年来的不断努力,在培养大学生的科研能力方面已卓有成效。然而在许多非重点大学中,大学生科研工作还尚未完善,尤其是地方本科院校基本上还处于起步阶段。因地方高等院校受人、财、物等因素的制约和限制,大学生科研活动起步较晚,形式较为单一,成果较少。地方高校大学生科研训练与素质教育的不断深入和社

① 邹海贵,常立农.大学生科技创新活动的内涵、特征及价值探析[J].南华大学学报,2002(04).

会发展的不断进步的要求尚有较大差距。

7.2.1 地方高校大学生参与科研活动的现状

近年来,部属重点高校学生科研训练工作已将取得了可喜的成绩。然而,由于地方高校大学生科研训练尚处于起步阶段,存在一些主要问题亟待解决[①]。

(1)地方高校对大学生科研缺乏足够重视

地方高校未充分认识大学生科研活动的重要性和意义,对学生科研缺乏足够重视。其一,大学生科研所必备的场地和设备严重缺乏。地方院校自身资源有限,又缺乏共享平台,二级学院(或系)各自为伍,资源不能有效地整合。尤其是理工科学生缺少科研设备和场所。其二,科研经费不足,个别学校学生科研经费投入也缺乏计划性和连续性,没有将其纳入学校的财务规划和预算,当学生开展科研活动时,学校主管科研的部门才向领导申请经费,但由于学校资金有限,各方面的开支很大,用于学生科研的资金也就非常有限。学校对学生科研缺乏有效的激励机制,不能充分调动学生科研的积极性。

(2)教师对学生科研活动指导不力

随着高等学校的不断扩招,地方高校规模不断扩大,学生人数不断增多,大多数教师不但教学任务重,而且科研压力大,没有充足时间和精力指导大学生参与科研活动。个别科研指导教师没有严格履行科研指导职责,对学生的科研指导也主要集中在项目的选题、申报和结题上,缺少对学生参与科研立项活动的实验、研究、论文撰写等环节进行具体指导,导致学生在科研中无从下手,不知道如何开展科研活动。因教师的指导不力,导致学生通过参与科研活动自身科研素养和科研能力没有得到提高,挫伤了部分学生参与科研活动的积极性。

---

① 何再根,呼格吉乐.加强高校学生科研组织与管理的对策探析[J].湖州师范学院学报,2010,32(03).

(3)学生科研意识不强,科研品质薄弱

大学生科研是指大学生群体在学校的组织引导下,依靠教师的指导帮助,主要利用课余时间自主开展的创新活动。大学生是科研活动的主体,大学生群体的主体性在科研活动中起着至关重要的作用。但是据调查了解,部分大学生对参与科研活动缺乏正确认识,他们将科研误认为是具有较高知识水平的科学工作者从事的创造性活动,能够推动生产力的发展,能够产生经济效益和社会效益。基于这种错误的认识,大学生参与科研活动的积极性不高,具体体现在参与科研的意愿较弱,参与人数较少。据调查,国内一些重点高校学生参与人数占在校生人数的比例高达45%,但在一些非重点院校,参与者占在校生人数的比例还不足10%。而在这10%的学生中,有的学生由于知识储备不足,科研目的不明确,导致了选题缺乏论证性,无法成功申报或完成项目。更有甚者虽然获得了科研立项的课题申报,但在后续的研究工作中"慵""懒""散",缺乏做科研的计划和恒心。他们不积极搜集材料,不主动查阅资料,也不作深入调查,不认真开展科研活动,特别是当研究工作不顺或遇挫折时,就投机取巧,应付了事。临到结题时一个个才慌忙抱起佛脚,匆匆走进图书馆,东翻西找,手忙脚乱,最终只得修改或伪造数据,虚撰结果,随意撰写论文或者报告,草草地完成了课题。这样的科研其结果可想而知,对其他有意向参与科研同学的影响也不容忽视。

7.2.2 改进大学生参与科研活动的举措

(1)提高认识,创造科研有利条件

地方高校首先应充分认识大学生科研活动的重要性和意义,将大学生科研活动作为提高大学生创新能力、自主学习能力以及促进学生个性发展、全面提高人才质量的有效途径。因此,高校应通过各种有效举措大力加强大学生科研的宣传动员,使大学生改变过去的错误认识,重新正确地认识和理解大学生科研活动。使大学生深刻体会到参与科研活动对提高自身素质的重要作用,从而激发他们参与科研活动的积极性和主动性。不仅如此，学校也要合理整合有限的资源，在实验室、图书资料和仪器设备等方面给学生科研提供必要的设施，保障科研工作的正常开展。与此同时，高校更应以学校设立大学生科研活动专项资金为主，以争取校内外单位和个人的捐赠为辅，多渠道凑集科研经费，为大学生科研活动提供必要的经费保障。

(2)实施科研导师制度，提高科研的有效性

大学生自身知识和能力的限制，加之缺少参与科研活动的经验和方法，在开展科研活动中必然会遇到重重困难和障碍，因此学校应该建立大学生科研导师制度，加强学生科研的指导工作，给予学生必要的帮助和指导。

学校应首先配备科研导师。选拔一批学历高，职称较高，尤其是科研能力强的教师担任指导老师，全面负责学生的科研立项、研究活动及成果中报等系列的指导工作。有了导师，学生就能掌握科学的研究方法，保障学生科研活动在导师的指导下顺利开展。有了强有力的导师，就能及时解决学生在科研进程中遇到的种种疑难，在很大程度上提高学生的科研能力。这样，就能在很大程度上增强学生参与科研的积极性，让大学生们在科研活动中敢参与，能研究，更能出成果。其次，为了能充分调动导师的工作积极性，学校对指导教师的指导工作也应建立考核奖惩制度。学校可以从科研立项、科研开展和成果申报等方面入手，动态考核指导教师指导学生科研的过程，以保证科研项目在立项之后能有效地开展。对指导学生科研项目取得成果的教师，学校可以予以一定的工作量或予以适当的奖励。对没有负责任、没有按要求完成指导工作的教师应采取通报批评以及减少工作量处理。只有这样明确责任，及时奖惩才能调动导师工作的积极性，以保障学生科研活动的真正有效开展。

(3)完善学生激励机制，提高科研的主动性

学校对导师有奖惩制度，对学生也应采取有效的激励措施，

提高学生科研的积极性,促进学生主动地开展科研工作[1]。这方面可采取的方法更是多种多样。比如,将参与科研活动情况作为学生奖学金评定、评优选先和推优入党的重要指标;对获得不同级别的科研立项的学生给予不同的物质奖励;对科研活动中表现突出的学生,颁发荣誉证书和奖金;根据科研成果的不同水平申报相应学分,学分达到一定的要求后可以免做毕业设计或论文;对科研的优秀成果,学校要积极推荐参加全省和全国的各种竞赛评奖,诸如此类,各校可根据自身实际,及时奖励,这能在很大程度上调动学生参与科研的积极性。同时,学校也可以举办科研成果展,对于有推广生产价值的成果,想办法帮助学生完成申报专利和生产转化工作,让学生看到做科研的美好前景。同时,对未获得立项批准的项目,同样鼓励学生继续进行研究,甚至可以对努力了但仍未获得立项的优秀作品予以适当的物质奖励。这样的激励方法既能保障参与者的研究热情,使其全身心地投入科研,也能对其他的学生产生正确的导向作用,让所有的学生都真正用心去了解科研,让大学生改变以往对大学生科研工作的错误认识,并带动大家参与科研,形成浓郁的科研氛围,促进地方高校学生科研能力的不断提高。

7.3 海南大学土地资源管理专业大学生特色科研活动

2010 年,海南大学土地资源管理专业获批为海南省省级特色专业后,在相关部门的大力支持下,土地资源管理专业得到了快速发展,先后获得了国家、海南省和学校相关部门的建设支持,教学条件有了显著提高。在巩固学科主体领域、发挥学科优势的前提下,通过加强土地资源管理与其他相关学科的交叉、渗透,并结合海南省区域发展及海南大学自身的特点,逐步形成了海南大学

① 赵崇峰.加强学生科研工作,提高学生综合素质[J].温州大学学报,2006(3).

土地资源管理专业用自然科学方法，走社会科学道路，“工管结合”的学科定位。

从2010年开始，为了贯彻落实《教育规划纲要》、《教育部等部门关于进一步加强高校实践育人工作的若干意见》以及《全面提高高等教育质量的若干意见》（“高教30条”）等文件精神，推动专业建设与课程改革，强化实践教学环节，促进海南大学土地资源管理专业实验实践教学质量的提高，加快“工管”结合人才培养模式改革和创新的步伐，促进产教融合、校企合作、产业发展，我们在土地资源管理专业开展了“海南大学测绘技能大赛”、“海南省高校自然资源课题研究论文大赛”和“调研海南”等特色科研实践活动。

7.3.1 海南大学测绘技能竞赛

（1）活动开展背景及目标

测量学是海南大学政治与公共管理学院土地资源管理专业的必修课程，也是土地资源管理专业学生未来走向工作岗位所必备的专业技能。为培养学生团队协作的能力、搭建学生理论应用于实践的平台，测会技能竞赛由海南大学政治与公共管理学院和海南省土地学会主办，海南大学土地协会承办，海南大学土地资源管理系指导。竞赛旨在促进不同专业之间的交流与合作，对所学的专业知识加以活学活用，增强同学之间团队协作配合能力，丰富学生校园文化生活。

本项活动的目标是每年举办一次“海南大学测绘技能竞赛”，全面提升海南大学有兴趣学生的测绘技能，提高相关专业学生的专业技能，使该竞赛成为海南大学的品牌竞赛，全面开发调动学生的实践创新积极性，从测绘实践开始提升海大学子的创新意识和就业竞争力。

(2)实施内容、地点、参与学生的规模

竞赛内容:每年从等外闭合水准测量、四等水准测量、闭合导线测量、数字化地形图测绘和全站仪坐标放样等实践项目中选择1~2个进行竞赛。

竞赛地点:海南大学校园内。

竞赛流程安排:发布竞赛通知;竞赛组委员会进行宣传和动员;竞赛报名和审核工作;竞赛培训和训练指导;举行竞赛;公布竞赛结果并举办竞赛颁奖仪式。

学生规模:竞赛为集体项目,每个竞赛小组4人,其中一人为队长,并命好队名;比赛分为两个组别,组别一是未学习测量学课程的大一大二组,组别二是已学习测量学课程的大三大四组,从而进一步体现比赛的公平性。

每年将有约40~50个小组参与竞赛。

(3)创新做法及工作经验

1)提高实践技能,拓宽就业渠道。通过参加测绘技能竞赛,促使学生在不断的强化训练中增强仪器操作技能、熟悉测绘行业的规范和制度、了解行业的发展现状,为今后进入相关行业打下基础。

2)搭建学科交流平台,推动学科多层次沟通。通过测绘技能竞赛搭建桥梁,使高校与市场需求之间的沟通渠道顺畅,指导教师相互之间的交流,不仅能够加深彼此的了解,也为今后的进一步学习和交流搭建了平台。

3)提高教师的教学技能,促进教学相长。通过参加竞赛,教师能够发现以往教学过程中存在的不足,能够运用新技术来指导学生,教师的实践教学技能也随着大幅提高,反过来又促进了实践教学的改革和完善。

(4)活动剪影及宣传报道

图 7-1　比赛活动剪影

政治与公共管理学院成功举办首届“南方杯”测量比赛

[来源： 政治与公共管理学院] 2010/6/29 8:27:00

6月22日下午，海南大学政治与公共管理学院土地资源管理系第一届“南方杯”测量大赛颁奖典礼暨闭幕仪式在MPA多媒体资料室隆重举行。

海南大学国有资源管理处卢江海处长、政管学院党委段捷频副书记、学院宋增伟副院长、学院土地资源管理系黄朝明主任、栾乔林教授以及广州南方测绘仪器有限公司张志辉总经理等领导、嘉宾和老师出席了颁奖典礼。

本此“南方杯”测量大赛，得到广州南方测绘仪器有限公司的大力支持。他们给予了大量的比赛经费赞助，为参赛的选手们举办赛前专业测量技术培训，同时提供比赛所需测量仪器。大赛分为两个环节，外景测量和内业绘图。经过激烈的角逐，由郭敏带领的“独立团”队获得了本次测量大赛的冠军。

卢江海处长、段捷频副书记、宋增伟副院长、黄朝明系主任为获奖参赛队伍颁发了一、二、三等奖，张志辉总经理为土管系第五届学生会颁发了“友好合作伙伴”荣誉证书。

典礼上，段捷频副书记、张志辉总经理和卢江海处长分别发表了热情、真诚的讲话。

段捷频副书记在讲话中向全体参赛队员表示祝贺，向全体获奖的参赛队表示祝贺，对所有在活动中积极参与、努力工作的老师、同学表示感谢，感谢他们对土管系的发展、对政管学院的发展所做出的贡献。段捷频副书记向同学们提出了几点希望，一是土管专业的学生不仅要懂理论，更要能动手。测量比赛提供了这样一个平台，让同学们带着理论去实践操作，能更好的提升自己的能力。二是本届测量比赛是第一届，活动创意新颖、影响广泛，这样有意义的活动一定要继承下去，坚持开展下去，让更多的同学参与到活动中来，办成我们土管系、政管院的一项特色活动。三是土管系是政管院、是海大、是海南省的特色专业，同学们肩上的担子很重，一定要继承光荣传统，靠大家的努力将土管专业越办越好。“不能因为是唯一的才是最好的，一定要靠实力说话！”

张志辉总经理在讲话中高度赞扬了学院领导、土管系老师积极参与此次活动、亲临比赛现场、细心指导的敬业精神；赞扬了土管系同学们在培训、比赛过程中不怕辛苦、认真学习的态度，并对同学们共同努力、共同拼搏后取得的成绩给予肯定，表示以后要继续支持土管系举办此项活动。“我几乎没有想到，同学们在这么短的时间内，接受技术培训并能熟练操作，比赛结果的测量准确度极高，基本上和我们工作人员的预先采点结果一致。”

国资处卢处长对此次活动作了总结，回顾了土管系的发展历程。从93年建系到今天成为省级重点学科；从几个人、几根标杆、几把皮尺到今天的几百人、上百万的先进设备；一代一代的土管人通过自己的不懈努力，继承传统、开拓进取，共同创造了土管系今天的辉煌成绩。卢处长还打趣的说“我也是一个土管人，曾经背着水壶、皮尺和铁铲翻山越岭去勘测。”他提出，并希望同学们能继续发扬吃苦耐劳的精神，学好专业理论知识，积极参与测量比赛这样的实践活动，做好一个“守土有责”的土管人。同时，卢江海处长还表示，以后的工作中继续大力支持政管学院土管系的发展。

图 7-2　首届“南方杯”测量比赛宣传

主页 >> 学工动态 >> 土地资源管理系测绘技能竞赛圆满举办

土地资源管理系测绘技能竞赛圆满举办

[来源： 政治与公共管理学院] 2014/11/24 8:36:00

为了促进校园科技文化的建设，巩固和加深同学们对专业知识的理解，提高同学们的测量技能，土地资源管理系于2014年11月16日在海南大学海甸校区起点草坪举行了测绘技能大赛。担任本次比赛的评委有栾乔林老师、谷秀兰老师、郝志军老师、赵红亮老师、刘民培老师、王湃老师以及大四的李泽慧与王勇。本次大赛共有28组参赛小组，每组4人。

比赛开始前由栾乔林老师发表讲话，栾老师首先就比赛规则与注意事项做了详细的讲解。接着对本次比赛的奖项设置逐一做了介绍。最后栾老师就本次比赛语重心长的说道："本次比赛的主要目的是为了锻炼同学们实际操作的能力，友谊第一，比赛第二。希望大家在本次比赛中能发挥出最佳水平。"

比赛过程中每组4位成员配合默契，仪器摆放和读数计算有条不紊的进行。测绘比赛不仅对实验数据有着严格的要求，同时也对测量速度有一定的要求，选手们在比赛中稳中求快，圆满的完成了比赛。最后，不可估量组合获得第一名，风雨骄阳组合、风靡组合、策马奔腾组合获得第二名，获得第三名的有小数点后四位组合等6组，获得优秀奖有Running Man组合等10组。

本次测绘大赛既丰富同学们的课余生活，提高了同学们测量技能，同时也加深了同学们对实验的兴趣，学会了如何把所学的知识运用到实际操作中。希望通过本次比赛，同学们能更加注重动手能力，成为理论和实践的全面人才。

（ 图、文：程湘琼）

图 7-3 测绘技能竞赛宣传

图 7-4 首届"南方杯"测量比赛合影

图 7-5　第九届海南大学测绘技能竞赛合影

图 7-6　海南大学测绘技能竞赛颁奖大会

图 7-7 第九届海南大学测绘技能竞赛颁奖大会

(5)参赛学生比赛心得体会

测绘技能竞赛心得总结

风靡组 刘书畅

通过本次的测绘竞赛,让我获得了把理论知识运用于实践的宝贵机会,我本人对这次比赛也十分积极、重视。与其说是比赛,倒不如说是一个暴露缺点、寻找差距、走向完善的成熟历程。

本次比赛使我对实践的重要性有了一个更为深刻的认识,纸上谈兵者终究难成大事,理论即便再充备也终究需要实践来检验、来加以强化。比赛只是一种形式,也可以说是一次机会,我觉得结果的好坏并不是那么重要,重要的是能够基于自己的水平,学到些什么,并从中不断地改正、完善,使自己的操作更加熟练、规范。

其次,本次比赛让我更深刻地认识到了团队的重要性以及团结的力量。作为组长,我更进一步意识到协调成员、分工对于走向优秀的重要性。我们的目标很明确:为了学习、为了提升自己的操作能力而参与,我们每个人看重的是过程。

最后,衷心感谢尊敬的栾老师对我们理论上的悉心传授以及操作上的细心指导。同时也真心感谢我们小组的每一位成员,谢谢你们的积极参与和配合,我们应该为彼此之间的默契和信任而感到骄傲。希望我们能把风靡组踏实、团结、诚信的精神“风靡”更广、更远!

海南大学测绘技能竞赛心得

梁言言

测量学是土地资源管理学科的一门很重要的专业课,作为此时大三的我,在大二的时候便接触并学习了这门课。作为学习也作为检验,在去年的十一月份我和同学们组队参加了由土管系学生会组织的海南大学测绘技能竞赛,并取得了二等奖的名次。然而重要的不是结果,而是参加比赛前后学习的过程和难忘的团队合作。

比赛是由四位同学自愿组成一队报名参加的,对于这样跟专业息息相关的比赛同学们都很重视,几乎每位同学都报名参加了比赛。比赛项目为水准测量,也是一种基本测量,地点定在海南大学的起点草坪。我与班里的其他三位同学一起组队参加了比赛,比赛之前老师就鼓励我们拿仪器练习,老师很温馨,同学们也很认真但却没有比赛的紧张,有的是相互交流带来的愉悦。比赛可以分成两个阶段,即测量和计算校正,我们组在测量过程中配合得十分默契,只七八分钟便完成了测量,然而美中不足的是计算出了差错,延误了时间。虽然有遗憾,但这也是学习过程中的一课。重要的是系里老师的辅导,栾老师认真幽默,其他老师也特别负责。或许成绩对于我们来说不够完美,但是留下的却是美好的回忆。

最后想说的便是比赛的奖品——系徽。我想,身为土管系的学子,没有任何奖品能比系徽更有意义,它代表了我们的大学学习生涯,透过它仿佛能看到自己许许多多的画面。总之,希望这个活动可以一直延续下去,让更多的学子从中受益。

测绘技能竞赛心得

2013级土管二班 贺妍

为了敦促同学们对于专业知识的掌握和提高测量技能，我系于2014年11月16日在海南大学举办了测绘技能大赛。这次的比赛主要以切磋为目的，虽然竞争感不强，但的确让我体悟很多。

关于“准备”：我们小组的四名成员全部都是大一的学生，还未上过有关的专业课。抱着想要提前尝试的心态，我们一拍即合就报了名。赛前的两个星期我们利用课余时间借来相关书籍和器材自主学习，“不懂就问，不怕失败”的我们慢慢掌握了测量技能。这说明：碰到不会的事情，不要害怕尝试。只要愿意付出更多时间做好准备，你就能把自己提高到同一起跑线上。

关于“合作”：这次比赛不会是一个人的“战斗”，针对每个人的优势，我们迅速完成了分工。为了提高数据读取、记录的准确性以及完成速度，我们四人通过不断的磨合、商议确定了最佳的测量方法。在比赛的过程中，我们默契合作，迅速准确地完成了数据测量步骤，时间是所有小组中最快的。

关于“细致”：失败使人成长，我们这次取得的成绩并没有达到我们的预期。虽然我们前期的测量时间最短，可是计算数据耽误了我们整体时间。问题主要出现在数据处理时马虎粗心，导致闭合差出现了严重的误差，经过反复检查才发现了问题所在。见微知著——对待任何细节我们都不能松懈，细致态度的有无往往决定成败。

7.3.2 海南省高校自然资源课题研究论文大赛

(1)活动开展背景

自然资源课题研究论文大赛起源于2011年5月海南国源土地矿产勘测规划设计院赞助支持的第一届海南省高校“国源杯”

房地产营销策划大赛，至2019年12月，共举办了九届比赛。得到了海南国源土地矿产勘测规划设计院、海南明光源规划咨询有限公司、永业行海南分公司等单位的赞助支持，本赛事还获得了原国土地资源部2017年优秀宣传项目的荣誉。

该活动旨在引导广大高校学生努力培养科学精神和科学态度，积极学习科学知识和科学方法，踊跃投身创新驱动发展战略，推动海南省高校土地相关专业领域课题研究策划创新发展，培育专注于课题研究、精于调查分析、勇于创新的研究型人才，加强省内大学生的交流。

(2)活动组织及参赛对象

1)赛事组织结构

主办单位：海南省土地学会。

承办单位：海南大学政治与公共管理学院。

协办单位：海南大学土地协会。

2)参赛对象及形式

海南省各大高校全日制在校本科生、专科生、研究生，以小组的形式进行参赛，每组至多三人。

(3)选题范围及作品要求

参赛选手需从土地资源管理、房地产经营管理、海洋管理、旅游、地理、环境与资源保护、生态、农业、城市规划、环境经济等与自然资源方面相关的具体问题入手，通过调查研究、资料整理以及导师指引，得出成果。(成果应当体现作者的创新精神和实践能力，选题切合社会实际需要，研究方法科学新颖，分析严密，逻辑性强，学术理论扎实深厚)。

1)参考选题方向

①自然资源：节约集约利用自然资源、自然资源保护、自然资源资产管理等。

②城乡发展：耕地保护、乡村振兴战略、城乡发展一体化、区块链＋农业、脱贫攻坚等。

③经济：自由贸易港建设、岛屿经济、房地产整治、房地产评

估、土地资产评估等。

④生态:生态文明建设、空间生态修复、国土空间规划等。

⑤地理信息:遥感应用、不动产登记信息化等。

⑥旅游:生态旅游与可持续旅游发展、乡村旅游等。

⑦海洋:经略海洋保护与发展、海洋生态、海洋经济等。

特殊类:初赛评选出的以下类型的优秀论文作品可在海南大学相关专业教师指导下推荐参加相应的全国大赛。

⑧土地利用规划:村土地利用规划、村土地整治规划、村生态景观规划、田园综合体规划、休闲农庄规划、历史文化名村保护规划。

说明:初赛该选题类型论文评选出的前两名可推荐参加第二届全国大学生土地利用规划技能大赛。

⑨测绘科技:测绘类课题研究论文。

说明:初赛该选题类型论文评选出的前两名可推荐参加“南方测绘杯”第十一届全国高等学校大学生测绘科技论文大赛。

2)获奖作品

第七届“自然资源”课题研究论文大赛获奖作品名称如下,以供参赛选手选题参考。

一等奖(1名):

乡村振兴背景下石山镇群榜村古宅旅游开发模式研究

二等奖(2名):

海南省清澜港红树林自然保护区保护现状与对策分析

美丽乡村背景下的三亚市红花村黎族传统村落空间形态演变研究

三等奖(3名):

海南省自由贸易港的建设方向探索——基于VRIMA与VAR模型对海南主导产业的分析

海南省共享农庄的建设规划策略研究——以澄迈县洪安蜜柚共享农庄为例

景区的低碳设计与评价研究——以海口白沙门公园为例

优秀奖：

基于SWOT—AHP法的渔村可持续性指标体系建立与评价——以博鳌镇东海村为例

海南省土地资源的可持续利用对策研究——基于近十年生态安全指标变化对比分析

3)作品要求

初赛，参赛选手通过选定课题，在指导老师的引领下进行相关的调查、研究，对相关资料的整理，提交一份成果，成果样式仅限论文形式(成果内容必须有摘要、图表、数据分析等)，由评委组进行线下评审；复赛，选手需将成果进行现场答辩，由评审当面进行提问点评；决赛，选手可针对评审在复赛中所提出的问题进行修改完善，并再次进行现场答辩。

注：初赛作品提交文件为一个压缩文件，包括：作品信息表(word版)；以作品封面为第一页的作品(PDF版)，所有文件命名为：命题所选方向＋队名，例：(八)土地利用规划——乘风破浪队。

4)海南省高校“自然资源”课题研究论文大赛作品格式

①排版格式

课题研究论文要求纵向排版，A4纸篇幅，1.5倍行距。页边距的要求为：

上(T)：2.54厘米

下(B)：2.54厘米

左(L)：3.17厘米

右(R)：3.17厘米

其余设置采取系统默认设置。

②论文编排结构

第一页：封面(见附件三 封面样张)

第二页：中文摘要(后附中文关键字)

论文第二页为不少于300字的中文内容摘要，在摘要的下方另起一行。应说明本论文的目的、意义、研究方法、成果和结论。论文摘要应尽量深入浅出,通俗易懂,语言力求精炼、准确。关键词 3～5 个。

第三页:英文摘要(后附英文关键字)[可选]

论文第三页为英文摘要,内容与中文摘要和关键词相同。

第四页:目录(标明各章节所在的页码)

后续页依次为:

论文正文

致谢

参考文献

附件:如程序、文档、数据、图纸、调查问卷等资料。

③论文版式要求

第一部分:封面

第二部分:摘要与关键词

A. 中文摘要、关键词

摘　要(三号,宋体,加粗,居中)

摘要正文(小四号,宋体)

关键词标题(小四号,宋体,顶格,加粗)

关健词正文(小四号,宋体,词间用分号隔开)

B. 英文摘要、英文关键词

英文摘要标题 Abstract(三号,Times New Roman,加粗,居中)

英文摘要正文(小四号,Times New Roman)

英文关键词标题 Keywords(小四号,Times New Roman,顶格,加粗)

英文关键词正文(小四号,Times New Roman,词间用分号隔开)

第三部分:目录(单独用一页)

目　录(三号,宋体,加粗,居中)

1　XXXXXX(一级标题,小四号,宋体,下同)……… (页码)

1.1　XXXXXX(二级标题) ………………………… (页码)

第四部分:主体部分

A. 各级标题与正文

一级标题用三号字,宋体,顶格,加粗。

二级标题用四号字,宋体,顶格,加粗。

三级标题用小四号字,宋体,顶格,加粗。

四级标题格式同三级标题。

正文用小四号字,宋体。

注:四级、五级标题分别用(1)和①的格式。

B. 正文中的图表

正文中图、表均需编排序号,图、表题目及说明(五号、宋体)。

第五部分:致谢标题(三号,宋体,居中,加粗)

致谢内容(小四号、宋体)

第六部分:参考文献标题(三号,宋体,居中,加粗)

参考文献内容(五号、宋体;英文用五号,Times New Roman)

标注格式规定如下。

专著、论文集、报告、学位论文:

[序号] 作者(列前3名). 文献名. 出版社所在地:出版社,出版年. 起始页一终止页.

期刊文章:

[序号] 作者(列前3名). 论文名. 刊名,出版年,卷(期):起始页一终止页.

电子文献：

[序号] 作者(列前 3 名). 电子文献名. 电子文献的出处或可获得地址,发表或更新日期.

第七部分:附件

(4)宣传工作

1)新媒体宣传

①联系海南省学生联合会发文号召海南省各大高校学生会进行校内宣传,如通过学校官网发布参赛讯息;联系海南大学校团委发文号召海南大学各大学院学生会进行院内宣传。

②海南大学在官方网站(http://www.hainanu.edu.cn/tuanwei/)、政治与公共管理学院官方网站(http://www.hainanu.edu.cn/zhengguan/)、政管学院微信平台、活动官方微博等网络公众媒体发布本次"自然资源"课题研究论文大赛的相关信息。

③创立"自然资源"课题研究论文的微信公众号,用于发布赛讯以及选手作品展示,并以给进入决赛选手作品投票的方式加大影响力度。

2)摆点宣传

为充分落实对比赛的宣传,承办方将在海南省各大高校进行摆点、发放传单宣传。同时,承办方还将成立一支专门的小组,分别前往三亚、儋州等地,在该地区的高校内通过悬挂横幅、发放宣传单、摆放 L 型展架和专员讲解等形式,对本次活动进行宣传。

3)视频宣传

为充分落实宣传,我们将专门制作"自然资源"宣传视频以及对相关专业老师的采访视频,利用各大高校媒体平台进行播放宣传,进一步提高宣传质量,及时收集报名信息。

(5)活动流程

1)初赛流程

①参赛选手可以从土地资源管理、房地产经营管理、海洋管

理、旅游、地理、环境与资源保护、生态、农业、城市规划、环境经济等与自然资源方面相关的具体问题入手，通过调查研究、资料整理以及导师指引，得出成果，并于规定时间，打包发至比赛指定邮箱，逾期则视为参赛组自动放弃比赛。

②初赛审核：初赛截稿之后，由评审组对所有参赛组所提交的成果论文进行审核，并从中选出排名前十二组队伍晋级复赛。

③若论文出现查重率超过 30%或成果已获奖或已发表的情况，则取消参赛资格。

2)复赛流程

①主持人宣布本次“自然资源”课题研究论文大赛复赛正式开始，并对本次大赛做简单介绍，简要说明比赛的流程以及评分规则，介绍协办单位，并特别鸣谢协办单位。

②主持人介绍到场嘉宾及评委，并邀请领导上台致辞。

③在比赛环节，各个参赛组将有 5 分钟的答辩时间，参赛小组可以以 PPT 的形式对自己所研究的课题进行详细的介绍。

④评审团依据所展示的内容及提交成果，对参赛小组进行提问，并由参赛小组成员做答，整个过程不超过 3 分钟。评审团随后对参赛组的表现进行评判打分，并将结果提交计分处。

⑤终评：所有组答辩完毕后，打分结果统一递交计分处，(计分处将每组得分分别去掉一个最高分、去掉一个最低分后，剩余成绩求平均值，即得该组最终得分)。

⑥前六小组展示完毕之后进行 15 分钟的中场休息 。

⑦经工作人员对最终评分进行合计后，由计分处统一排名，取前八名进入决赛，并当场公布进入决赛的名单以及决赛的时间和地点。

说明：如果出现同分的情况，则由评审进行现场投票表决。复赛结束之后，选手可主要针对评审老师在复赛中所提出的问题进行深入研究并加以完善，为决赛做准备；如有选手在整个比赛过程中提到现场评委的名字，则按违规处理，从总分里扣除 10 分。

3)决赛流程

①在活动开始前,播放介绍全国土地日(6月25日)宣传片及赞助方宣传片,提升本次大赛的积极影响和意义。

②主持人介绍主办单位并特别鸣谢协办单位,而后介绍到场嘉宾,并邀请相关领导上台致辞;主持人对本届比赛作简要回顾,而后播放决赛流程及规则的说明视频;主持人宣布“自然资源”课题研究论文大赛决赛暨颁奖晚会正式开始。

③第一轮比赛:各个参赛组可以以PPT的形式对自己所研究的课题成果及针对复赛评审所提出问题的改进进行详细的介绍,整个过程不超过5分钟,评审团依据所展示的内容及提交成果进行评判打分,打分结果统一递交计分处(计分处将每组得分分别去掉一个最高分、去掉一个最低分后,剩余成绩求平均值,即得该组得分第一轮得分 E_1;对评分表里创意一栏运用同样的方法得出各组创意分,此分在第一个中场不公布)。

④第一个中场:在八个参赛组轮流答辩完毕后,播放各个队伍亲友团视频及进行现场大众评审关于最具人气奖的线下投票,投票结束后直接公布票数。然后进行现场三等奖抽取,三等奖抽取形式为微信摇一摇,从第一名开始进行提问,提问内容与各个小组上半场表现有关,如第三个讲解的小组由几位学生组成。中场结束后公布后四名在第一轮比赛中的得分,按照得分顺序分别获得优秀奖和三等奖,得分排名前四名进入第二环节的选题答辩。

⑤第二轮比赛:得分排名的前四名按第一轮比赛抽签顺序进行选题答辩;参赛组在“A、B、C、D”四个选题中进行盲选答辩,参赛小组成员有1分钟时间审题,3分钟时间进行自由作答;评审团依据参赛组的表现进行举牌打分(分数分别为1、2、3、4、5),工作人员拍照记录并统分(其中第二轮比赛得分为评审团打分的平均分,即 $E_2=(x_1+x_2+x_3+\cdots+x_n)/n$)。

⑥进行现场第二轮抽奖,现场随机抽取一名观众在抽奖箱里

凭票根抽奖。

⑦邀请赞助方领导对本次活动进行点评及总结性讲话。

⑧主持人依次公布第一轮、第二轮、创意分、人气分线上百分比、人气分线下百分比，而后按照最具人气奖、最具创意奖、优秀奖、三等奖、二等奖、一等奖的顺序邀请嘉宾颁奖。

⑨现场由获得“一等奖”的参赛组，在抽奖箱里面凭票根进行现场观众一等奖的抽取。

⑩邀请嘉宾、参赛选手工作人员上台合影。

(6)评分细则

1)初赛评分表

表 7-1 海南省高校“自然资源”课题研究论文大赛初赛评分表

海南省高校“自然资源”课题研究论文大赛初赛评分表			
第________组:			
评分项目		总分	得分
初赛论文作品要求	选题立意 (选题符合范围,立意深刻,创新合理)	20	
	作品格式 (论文作品格式符合规范)	15	
	论文逻辑性 (论文内容逻辑清晰、条理明确,富有层次性)	15	
	论文内容 (内容充实丰富、真实有效,完整契合大赛主题)	20	
	论文分析透彻性 (分析内容的透彻程度)	15	
	论文方案可实施性 (主题内容和策划有可执行性,对人们有吸引力)	15	
总分			

2)初赛评分表

表 7-2 海南省高校“自然资源”课题研究论文大赛复赛评分表

<table>
<tr><th colspan="4">海南省高校“自然资源”课题研究论文大赛复赛评分表</th></tr>
<tr><td colspan="4">第________组:</td></tr>
<tr><td colspan="2">评分项目</td><td>总分</td><td>得分</td></tr>
<tr><td rowspan="2">团队亮相</td><td>团队风采</td><td rowspan="2">10</td><td rowspan="2"></td></tr>
<tr><td>(形象礼仪、风度衣着、举止得体、组员精神风貌及协作能力)</td></tr>
<tr><td rowspan="14">PPT展示</td><td>PPT 样式</td><td rowspan="2">10</td><td rowspan="2"></td></tr>
<tr><td>(PPT 制作创意精美,具有创意合理性和独到性)</td></tr>
<tr><td>语言表达</td><td rowspan="2">10</td><td rowspan="2"></td></tr>
<tr><td>(表达流畅、声音洪亮,若没有脱稿扣 3 分)</td></tr>
<tr><td>选题内容</td><td rowspan="2">10</td><td rowspan="2"></td></tr>
<tr><td>(选题符合范围)</td></tr>
<tr><td>论述表达</td><td rowspan="2">10</td><td rowspan="2"></td></tr>
<tr><td>(逻辑性和分析透彻性)</td></tr>
<tr><td>立意方向</td><td rowspan="2">10</td><td rowspan="2"></td></tr>
<tr><td>(深刻性及创意独到性)</td></tr>
<tr><td>论证方式</td><td rowspan="2">10</td><td rowspan="2"></td></tr>
<tr><td>(多层次、多维度)</td></tr>
<tr><td>调研结果</td><td rowspan="2">10</td><td rowspan="2"></td></tr>
<tr><td>(真实性和可实施性)</td></tr>
<tr><td rowspan="2">现场答辩</td><td>应变能力</td><td>10</td><td></td></tr>
<tr><td>回答问题的准确程度</td><td>10</td><td></td></tr>
<tr><td colspan="2">总分</td><td></td><td></td></tr>
</table>

3)决赛评分表

表 7-3 海南省高校"自然资源"课题研究论文大赛决赛评分表

海南省高校"自然资源"课题研究论文大赛决赛评分表			
第______组:			
评分项目		总分	得分
团队亮相	团队风采 (形象礼仪、风度衣着、举止得体、组员精神风貌及协作能力)	10	
PPT展示	PPT 样式 (PPT 制作创意精美,具有创意合理性和独到性)	5	
	语言表达 (表达流畅、声音洪亮,若没有脱稿扣 3 分)	10	
	论述论证 (逻辑性和分析透彻性,多层次与多维度论证)	20	
	论文改进 (改进过程表达清晰)	10	
论文作品要求	论文创意创新性 (观点新颖独到)	10	
	作品格式 (按指定要求符合格式规范)	5	
	论文方向及内容 (选题符合范围,内容充实、丰富、完整)	15	
	论文逻辑性及分析透彻性 (逻辑明确,条理清晰,分析内容的透彻程度)	10	
附加分	才艺展示	5	
总分			

(7)奖项设置

一等奖(1 名):奖金 5 000 元+省级证书

二等奖(2 名):奖金 3 000 元+省级证书

三等奖(3 名):奖金 1 000 元+省级证书

优秀奖(2 名):奖金 800 元+省级证书

最具人气奖(1 名):奖金 600 元(授予参赛小组)

最佳创意奖(1 名):奖金 600 元(授予参赛小组)

注:进入复赛未晋级决赛的小组每组 600 元奖金,投稿而未进复赛的小组,根据参赛成果在初赛审核中的打分排名情况分别获得 300 元、200 元、100 元奖金(未进入复赛小组的前 10 名获得 300 元,11～30 名获得 200 元,31～60 名获得 100 元)。

(8)活动剪影及宣传报道

中国政府网

中华人民共和国自然资源部

Ministry of Natural Resources of the People's Republic of China

全站查询

首页 机构 动态 公开 服务 互动 数据 专题

您现在的位置:首页 > 公开 > 通知公告

第27个全国“土地日”主题宣传周活动“优秀组织单位”和“优秀宣传项目”通报

2017-11-01 来源:办公厅

【字号:大 中 小】【打印】【关闭】 分享到:

国土资源部通报增刊第5期

各省、自治区、直辖市及计划单列市国土资源主管部门,新疆生产建设兵团国土资源局,中国地质调查局及部其他直属单位,各派驻地方的国家土地督察局,部机关各司局:

今年6月25日是第27个全国“土地日”,全国国土资源系统按照《国土资源部办公厅关于组织开展第27个全国“土地日”主题宣传周活动的通知》(国土资厅函〔2017〕888号)的统一部署,围绕“土地与生态文明建设”主题,集中组织开展了第27个全国“土地日”主题宣传活动,面向社会各界大力宣传国土资源国情国策国法,广泛宣传各级国土资源部门在全面贯彻新发展理念,落实最严格的耕地保护制度和最严格的节约用地制度、严守耕地红线和推动形成绿色发展方式和生活方式中的做法成效,为国土资源事业改革发展营造了良好的舆论氛围。

为进一步总结经验,发挥典型示范作用,更好地开展国土资源主题宣传活动,经各地、各有关单位择优推荐和组织评选,决定对河北省国土资源厅等15个优秀组织单位,人民日报全国“土地日”宣传专版等15个优秀宣传项目予以通报表扬。

希望各地各单位在总结、巩固既有成绩基础上,认真总结以往开展全国“土地日”宣传活动的成功经验,继续用好国土资源主题宣传这一重要平台,拓宽宣传渠道,丰富宣传内容,创新宣传方式,进一步提升国土资源宣传的影响力、覆盖面、实效性,为尽职尽责保护国土资源、节约集约利用国土资源、尽心尽力维护群众权益作出新的更大贡献!

附件:1.第27个全国“土地日”主题宣传周活动优秀组织单位

图 7-8 本活动荣获国土地资源部 2017 年优秀宣传项目

“国源杯”大赛

为推动土管系与海南省各高校土地相关专业领域的交流与课题研究策划创新发展，培育专注于课题研究、精于调查分析、勇于创新的研究型人才。土管系每年都鼓励同学们积极参与“国源杯”课题研究策划大赛，展现土管系学子的风采。

图 7-9 “国源杯”课题研究论文大赛合影

图 7-10 "国源杯"课题研究论文大赛比赛现场

中国国土资源报

CHINA LAND AND RESOURCES NEWS

辛勤耕耘硕果丰

海口晚报 10B

第二届房地产营销策划大赛举行

为地产业储备人才

本报6月25日讯（记者光明 通讯员蒋书波）海南省高校第二届"国源杯"房地产营销策划大赛决赛今天晚上在海大举行。来自海大、海师、海口经济学院等高校的9支代表队进入决赛。

主办单位政管学院负责人表示，通过房地产营销策划大赛的形式，让大学生们更加了解社会、贴近社会，同时也是一个良好的把理论运用到实际中去的机会。支持单位省国土环境资源厅下属海南国源土地矿产勘测规划设计院负责人表示，该院长期以来很重视人才的储备和培养，希望通过举办全省高校房地产营销策划大赛，为广大高校大学生提供实践的机会，能让他们真正的接触、认识房地产这个行业。

海南日报

宣传全国土地日活动

我省举行高校课题研究策划大赛决赛

图 7-11 "国源杯"课题研究论文大赛媒体宣传报道

7.3.3 调研海南课题比赛

(1)活动开展背景及目标

"调研海南"项目，是由海南大学政治与公共管理学院发起和组织的、鼓励和资助本科生走出校园进行社会实践和社会调查的公益活动，是学院推动本科教学改革、加强实践教学环节的重要举措。活动旨在关注当前海南公共事务基本状况，并对有兴趣进行调查、研究的团队提供必要的资金支持，学院每年立项资助15～20项调研课题，每项课题正式立项即资助人民币1 500元基本研究经费，以促进学院大学生对海南社会发展现实的深入接触和思考，从而成为学院连接课堂与社会、理论与实践的重要桥梁。

“调研海南”具有很强的实践性，能够多方面锻炼大学生的综合能力。要求课题调研应实事求是，社会调查、问题分析、方法应用等，都要以事实为根据，不随意夸张，不主观臆造，坚持“以研究促学习，学习研究并举”的原则，处理好课题研究与能力提高的关系以及理论与实践的关系。

(2)参赛内容

大赛共分为三个阶段：课题立项、复赛、决赛。

课题立项：参赛选手需提交课题立项申请书，包括课题研究背景、研究意义、技术路线和研究方法，立项资助课题须具备以下三个条件：第一，必须为实证研究课题，采用问卷调查、深度访谈或田野调查等实证研究方法完成课题调研；第二，调研课题必须是与海南所息息相关的；第三，研究成果必须具有原创性。

复赛：课题立项通过的参赛队伍需进行社会调研，并提交相关调研成果，包括文字、图片、录音、视频等形式的调研成果。学院会组织专业老师对提交作品进行评选，遴选前8名参赛队伍进入决赛，组委会向入围决赛的对象发放决赛通知。

决赛：大赛组委会组织专家对进入决赛的作品进行评选，进入决赛的队伍需做调研视频、队伍展示及PPT演示汇报，专家进行现场点评、评奖。每个队伍计时7分钟。

(3)创新做法及工作经验

1)课题综合性强，学科跨度大。促进了学院与学院之间、学校与其他科研单位间的学术交流，表现出我院的科研活力、不凡的学术竞争力和社会竞争力。

2)充分调动了学生参与“调研海南”活动的积极性，为我院科研人才的培养营造了良好的氛围。活动开展至今所得的一切成果，代表了学院学术性和思想性的逐步成熟。

(4)活动剪影及宣传报道

图 7-12 调研海南比赛现场

图 7-13 调研海南决赛现场

7.4 大学生特色科研活动经验启示

7.4.1 加强宣传,提高大学生对科研实践的认识

学校应加大宣传力度,使大学生真正认识科研实践的实质,领会科研实践的意图,让大学生明白,他们所参与的科研实践,与教师所从事的科研活动完全不同。教师开展科研工作是为了产出科研成果,为社会提供有创新性的物质或精神产品,而大学生则是在科研实践活动过程中培养科学精神、熏陶科研意识,其目的不是直接取得科研成果,而是通过科研训练培养自身的创新能力。因此,选题立项时,既要从兴趣出发,又要考虑专业的特点,尤其林学类大学生要对林业季节性强的特点有深刻的理解,要充分论证科研项目的可行性,特别要有原创性。同时,要有高度的责任感,要按时保质保量地完成所主持或参加的科研项目。

7.4.2 强化对大学生科研的管理,提高科研训练的实效性

从大学生科研立项到结题验收,学校应建立完备的学生科研管理制度,并设立专门的管理部门,进行严格检查。学校对科研立项进行评审时,应从选题意义、研究内容、研究方法以及试验设计、研究方案等各方面,对学生提交的申请进行梳理,根据专业特点以及项目研究内容进行分类并初审,给学生提出具体的修改意见和建议并及时反馈,待大学生修改完善后,正式进入评审。评审过程中,应严格审查和把关,避免选题太大、目标不明确、研究内容多、实施难度大、超出大学生能力范围而无法完成的现象,保证大学生在完成课程学习的同时,有精力、有时间完成科研项目。对不同专业,应充分考虑各自的专业特色,对科研训练计划项目区别对待。学校还应重视过程管理,使大学生从撰写申请到项目执行完成,能充分发挥自身的主观能动性,学会科学思维、学会如

何分析和解决问题,使创新能力和综合能力得到有效的锻炼。

7.4.3 深化教学改革,促进课堂教学与科研实践相融合

创新型人才的培养离不开课内理论知识的传授,更离不开课外严格的科研、实践能力的训练。纵观我国的大学教育,虽然教学改革的步伐始终没有停歇,但目前大学仍然以传统教学模式为主。近年来,大学生参加科研实践活动的机会逐渐增加,但科研与教学仍然相互脱节。国外大学非常重视学生科研能力及创新能力的培养与锻炼,竞争取胜和富于创业精神是美国高等教育的灵魂。美国许多高校将研究型教学贯彻到教学的各个环节,重视培养大学生的能力,把大学生科研实践与创新活动视为研究性教学的核心。在英国剑桥大学,教学理念中渗透了加强实践教育的思想,并通过多种途径加强大学生能力的培养,大学生参加科研实践被纳入教学计划之中[①②]。可见,深化教学改革,促进科研实践与课堂教学相融合已是大势所趋。浙江农林大学开展了生态学教学与科研互相促进的改革实践,取得了良好的效果[③]。所以,应将大学生课堂教学与科研实践相融合,避免学生上课与开展科研实践活动相冲突。各高校应从大一时设置科研训练课程,使大学生尽早学会科学的研究方法,科研实践应贯穿于大学生四年学习的始终。

7.4.4 完善评价与激励机制,调动学生和教师参

加科研实践的积极性在大学生科研训练中,教师对学生的悉

---

① 陈建成,李勇,张敬等. 发达国家研究型大学创新人才培养模式的特征与启示[J]. 科学与管理,2009,11(1):130－133.

② 彭绪娟,刘元芳,彭绪梅. 国外高等学校创新型人才培养模式探析[J]. 产业与科技论坛,2007,6(11):196－198.

③ 温国胜,刘美华,伊力塔等. 生态学教学与科研互助的探索与实践——以浙江农林大学为例 [J]. 中国林业教育,2013,31(1):1－3.

心引导,并与学生进行及时有效的沟通,对培养学生具备创新能力、实践能力和创新精神有着重要的作用。因此,学校应建立有效的评价体系与激励机制,充分调动教师的积极性。学生确立指导教师后,导师应承担相应的责任,应把指导学生科研实践等同于课堂教学。学校要把指导本科生科研训练的效果作为教师的考核内容,同时也要给予指导教师合理的报酬。对于学生来说,学校应对大学生的科学研究与课程学习一视同仁,纳入学分管理,制定相应的规章制度和计划,如《大学生课外科研活动管理办法》《大学生研究计划》《大学生科研创新学分认定办法》等,同时要设立科研创新专项经费、基金,以调动大学生参与科研实践的积极性,鼓励学生申请原创性小课题。研究型大学建设中还应加大科研实践在免试研究生选拔中的权重,对于具有较高科研潜质的本科生可以直接转为硕士,实现本、硕连读或本、硕、博连读,为加快研究型大学建设进程奠定基础。

7.4.5　面向就业,增加创业训练和创业实践类项目的比例

高校毕业生就业形势日益严峻,大学毕业生数量将远远超过空缺岗位的数量。通过实施国家级大学生创新创业训练计划,促进高等学校转变教育思想观念,改革人才培养模式,强化创新创业的能力训练,增强高校学生的创新能力和在创新基础上的创业能力,培养适应创新型国家建设需要的高水平创新人才。北京邮电大学积极探索的大学生创新创业训练计划的管理模式就取得了一定的成效[①②]。笔者建议将大学生创新创业训练计划等同于科研创新训练计划,既要完善管理制度和评价机制,又要根据专业特色实现创新管理。高校应将大学生创新创业训练计划纳入

---

① 郭莉,王菡,王栩楠.探索“大学生创新创业训练计划”的管理模式[J].现代教育技术,2012,22(6):118－121.

② 吕波,姜孔桥.大学生创新创业训练计划项目的管理新机制探讨[J].教育教学论坛,2013(9):231－232.

人才培养方案和教学计划中，要在大学生科研实践项目中增加大学生创业训练和创业实践立项比例，加强对创新创业训练计划项目的管理。同时，要广开渠道，建立校企合作机制，让学生到企业参加实践，营造创业氛围，为开辟学生的就业途径创造条件。切实提高大学生科研训练的成效，培养学生的创新思维、创新能力和综合能力需要学校、教师与学生三方的共同努力，只有多方面、多层次、多角度形成合力，才能实现高校人才培养的预期目标。

学生的成长是终身的课题，鼓励大学生参与科研实践活动，就是抓住了学生成长的有利契机。通过大学生科研实践活动，产生了良好的个体效益和社会效益，为社会作出贡献的过程中，也获得了诸多有利的教育元素和成长元素，为大学生自身成才奠定了坚实的基础。

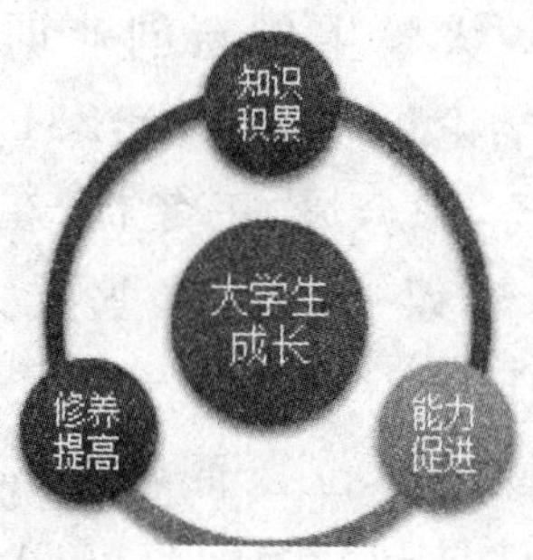

图 7-14 大学生成长的立体结构

通过对学生培养的思考和分析，认为大学生参加专业科研实践活动，最直接的收获就是知识积累，这些知识是学校课堂教育的延伸，对大学生的成长具有着基础性的作用，对于大学生专业修养的提高和能力的促进方面有着积极影响，三者相互联系，构成促进大学生成长的立体结构。

参考文献

［1］邹海贵，常立农．大学生科技创新活动的内涵、特征及价值探析［J］．南华大学学报，2002(04)．

［2］何再根，呼格吉乐．加强高校学生科研组织与管理的对

策探析[J]. 湖州师范学院学报,2010,32(03).

[3]赵崇峰. 加强学生科研工作,提高学生综合素质[J]. 温州大学学报,2006(03).

[4]陈建成,李勇,张敬等. 发达国家研究型大学创新人才培养模式的特征与启示[J]. 科学与管理,2009,11(1):130—133.

[5]彭绪娟,刘元芳,彭绪梅. 国外高等学校创新型人才培养模式探析[J]. 产业与科技论坛,2007,6(11):196—198.

[6]温国胜,刘美华,伊力塔等. 生态学教学与科研互助的探索与实践——以浙江农林大学为例 [J]. 中国林业教育,2013,31(1):1—3.

[7]郭莉,王菡,王栩楠. 探索"大学生创新创业训练计划"的管理模式[J]. 现代教育技术,2012,22(6):118—121.

[8]吕波,姜孔桥. 大学生创新创业训练计划项目的管理新机制探讨[J]. 教育教学论坛,2013(9):231—232.

[9]郭素娟,徐成扬,张金凤,王冬梅,崔国发. 对提高大学生科研实践成效的几点建议——以林业类大学生实践能力为例[J]. 中国林业教育,2014,32(02):14—17.

[10]杨斌. 基于能力本位教育理念的信息管理专业应用型人才培养研究[J]. 软件导刊,2015,14(06):221—223.

[11]陈立万,谢辉,陈强,牛晓伟. 能力本位的应用型本科人才培养的探索[J]. 中国成人教育,2012(8):63—65.

[12]陈氏金莺. 越南高校大学生科研现状及能力培养浅谈[J]. 东南亚纵横,2015(11):25—29.

[13]吴雅娜,周昭安. 中德应用型本科人才培养模式比较[J]. 继续教育研究,2016(3):103—106.

[14]赵梓雯,汪小平. 浅谈构建大学生科技创新活动的长效机制[J]. 赤峰学院学报(自然科学版),2009,25(9):237—238.

8 海南大学土地资源管理专业毕业生就业分析

8.1 海南大学土地资源管理专业毕业生就业基本情况

8.1.1 2017 届毕业生就业基本情况

海南大学 2017 届毕业生共 9 258 人，其中本科毕业生 8 426 人，占毕业生总人数的 91.02%；毕业研究生 832 人，占毕业生总人数的 8.98%。2017 届毕业生中，签约人数为 6 774 人，签约率为 73.17%，就业人数为 8 586 人，就业率为 92.74%，详情如表 8-1、图 8-1、图 8-2、图 8-5 所示。

表 8-1 2017 届毕业生就业基本情况表

名称	毕业生总数（人）	本科生（人）	研究生（人）	签约数（人）	签约率（%）	就业数（人）	就业率（%）	升学（人）
海南大学	9 258	8 426	832	6 774	73.17	8 586	92.74	1 480
政治与公共管理学院	311	296	15	274	88.1	291	93.57	50
土地资源管理专业	96	96	0	76	79.17	83	86.46	15

政治与公共管理学 2017 届毕业生共 311 人，其中本科毕业生 296 人，占毕业生总人数的 95.18%；毕业研究生 15 人，占毕业生总人数的 4.82%。2017 届毕业生中，签约人数为 274 人，签约率为 88.1%，就业人数为 291 人，就业率为 93.57%，详情如表 8-1、图 8-3、图 8-4、图 8-5 所示。

2017届就业数据统计										
·	毕业人数	签约数	签约率	就业数	就业率	升学	拟升学	自主就业	自主创业	待就业
合	9 258	6 774	73.17%	8 586	92.74%	1 480	4	255	35	668
男	3 997	2 977	74.48%	3 657	91.49%	600	0	73	24	340
女	5 261	3 797	72.17%	4 929	93.69%	880	4	182	11	328
注：签约率统计对象为毕业去向：签就业协议形式就业、签劳动合同形式就业、科研助理、应征义务兵、国家基层项目、地方基层项目、升学、出国出境、自主创业										
就业率统计对象为毕业去向：签就业协议形式就业、签劳动合同形式就业、其他录用形式就业、科研助理、应征义务兵、国家基层项目、地方基层项目、自主创业、自由职业、升学、出国、出境										

图 8-1　2017 届海南大学毕业生就业数据统计(单位:人)

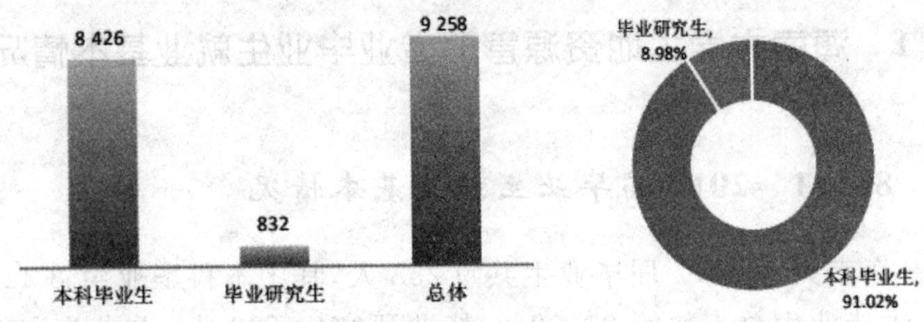

图 8-2　2017 届海南大学毕业生总体规模(单位:人)

专业名称	毕业人数	签约数	签约率	就业数	就业率	升学	拟升学	自主就业	自主创业	待就业
土地资源管理（本科）	96	76	79.17%	83	86.46%	15	0	1	0	13
政治学理论（研究生）	13	13	100%	13	100%	0	0	1	1	0
中共党史（研究生）	2	2	100%	2	100%	0	0	0	0	0
公共关系学（本科）	95	91	95.79%	92	96.84%	18	0	7	0	3
行政管理（本科）	105	92	87.62%	101	96.19%	17	0	1	0	4
合计	311	274	88.1%	291	93.57%	50	0	10	1	20

图 8-3　2017 届海南大学政治与公共管理学院毕业生就业数据统计(单位:人)

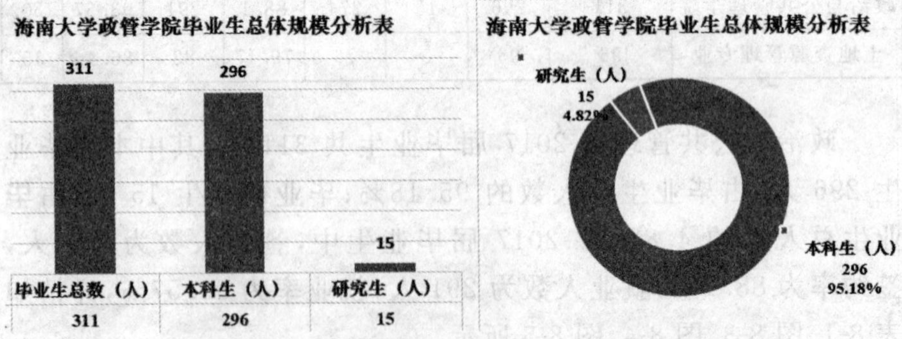

图 8-4　2017 届海南大学政治与公共管理学院毕业生总体规模(单位:人)

土地资源管理专业 2017 届本科毕业生共 96 人，其中签约人数为 76 人，签约率为 79.17%，就业人数为 83 人，就业率为 86.46%。详情如表 8-1、图 8-3、图 8-5 所示。

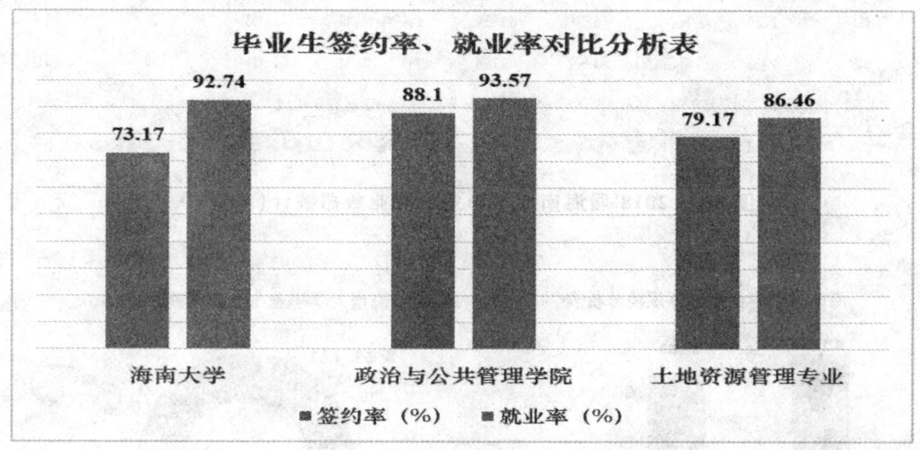

图 8-5　2017 届毕业生签约率、就业率对比

8.1.2　2018 届毕业生就业基本情况

海南大学 2018 届毕业生共 8 976 人，其中本科毕业生 8 063 人，占毕业生总人数的 89.83%；毕业研究生 913 人，占毕业生总人数的 10.17%。2018 届毕业生中，签约人数为 6 836 人，签约率为 76.16%，就业人数为 8 290 人，就业率为 92.36%，详情如表 8-2、图 8-6、图 8-7、图 8-10 所示。

表 8-2　2018 届毕业生就业基本情况表

名称	毕业生总数（人）	本科生（人）	研究生（人）	签约数（人）	签约率（%）	就业数（人）	就业率（%）	升学（人）
海南大学	8 976	8 063	913	6 836	76.16	8 290	92.36	14 840
政治与公共管理学院	329	316	13	307	93.31	312	94.83	37
土地资源管理专业	113	113	0	109	96.46	109	96.46	12

2018届就业数据统计										
·	毕业人数	签约数	签约率	就业数	就业率	升学	拟升学	自主就业	自主创业	待就业
合	8 976	6 836	76.16%	8 290	92.36%	1 484	73	297	32	613
男	3 931	2 950	75.04%	3 611	91.86%	598	19	106	22	301
女	5 045	3 886	77.03%	4 679	92.75%	886	54	191	10	312

注：签约率统计对象为毕业去向：签就业协议形式就业、签劳动合同形式就业、科研助理、应征义务兵、国家基层项目、地方基层项目、升学、出国出境、自主创业

就业率统计对象为毕业去向：签就业协议形式就业、签劳动合同形式就业、其他录用形式就业、科研助理、应征义务兵、国家基层项目、地方基层项目、自主创业、自由职业、升学、出国、出

图 8-6　2018 届海南大学毕业生就业数据统计(单位:人)

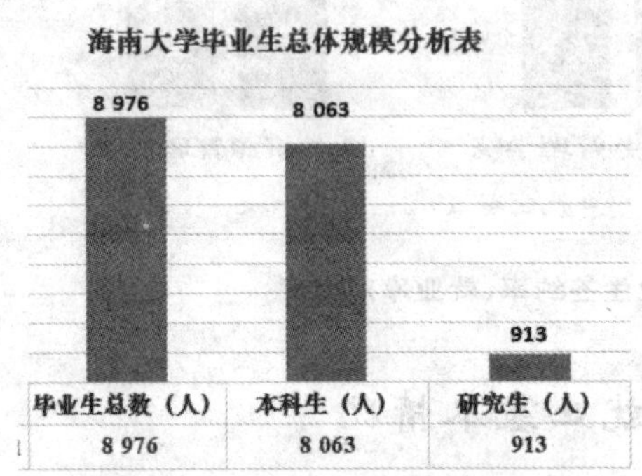

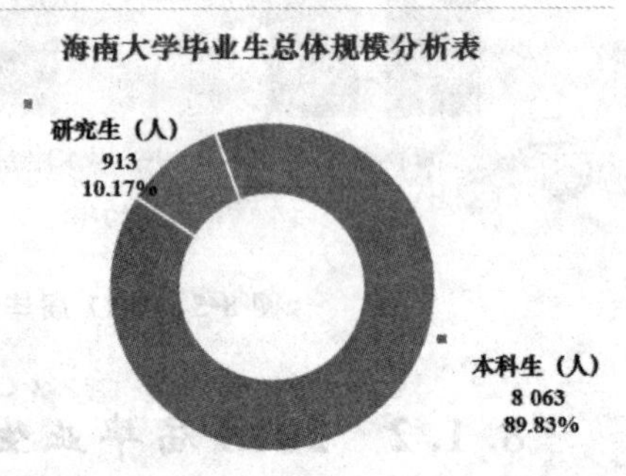

图 8-7　2018 届海南大学毕业生总体规模(单位:人)

政治与公共管理学 2018 届毕业生共 329 人，其中本科毕业生 316 人，占毕业生总人数的 96.05%；毕业研究生 13 人，占毕业生总人数的 3.95%。2018 届毕业生中，签约人数为 307 人，签约率为 93.31%，就业人数为 312 人，就业率为 94.83%，详情如表 8-2、图 8-8、图 8-9、图 8-10 所示。

专业名称	毕业人数	签约数	签约率	就业数	就业率	升学	拟升学	自主就业	自主创业	待就业
土地资源管理（本科）	113	109	96.46%	109	96.46%	12	0	4	1	4
政治学理论（研究生）	12	12	100%	12	100%	0	0	0	0	0
中共党史（研究生）	1	1	100%	1	100%	0	0	0	0	0
公共关系学（本科）	94	87	92.55%	89	94.68%	11	0	9	0	5
行政管理（本科）	109	98	89.91%	101	92.66%	14	0	3	0	8
合计	329	307	93.31%	312	94.83%	37	0	16	1	17

图 8-8　2018 届海南大学政治与公共管理学院毕业生就业数据统计(单位:人)

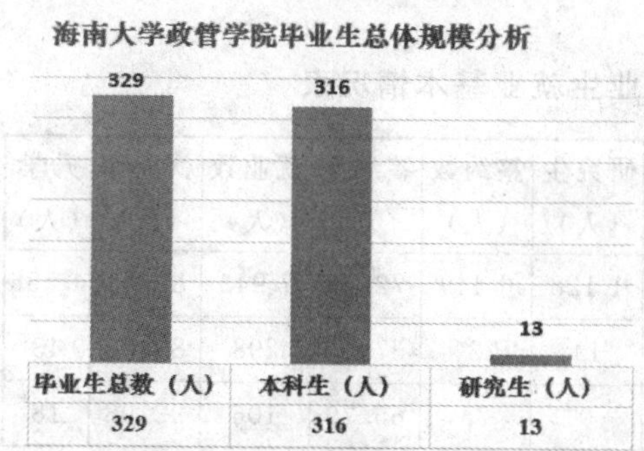

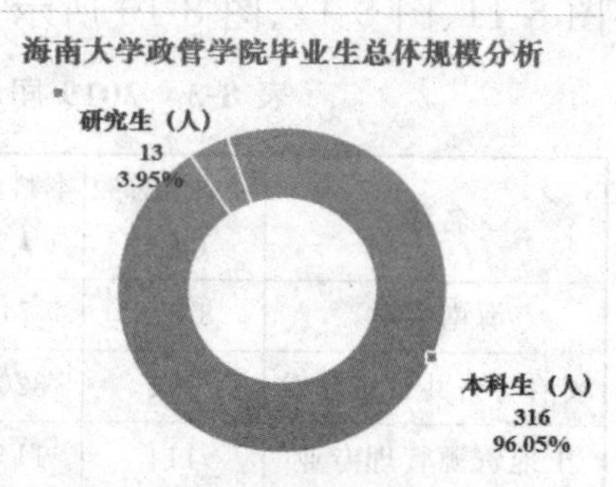

图 8-9　2018 届海南大学政治与公共管理学院毕业生总体规模(单位:人)

土地资源管理专业 2018 届本科毕业生共 113 人,其中签约人数为 109 人,签约率为 96.46%;就业人数为 109 人,就业率为 96.46%。详情如表 8-2、图 8-8、图 8-10 所示。

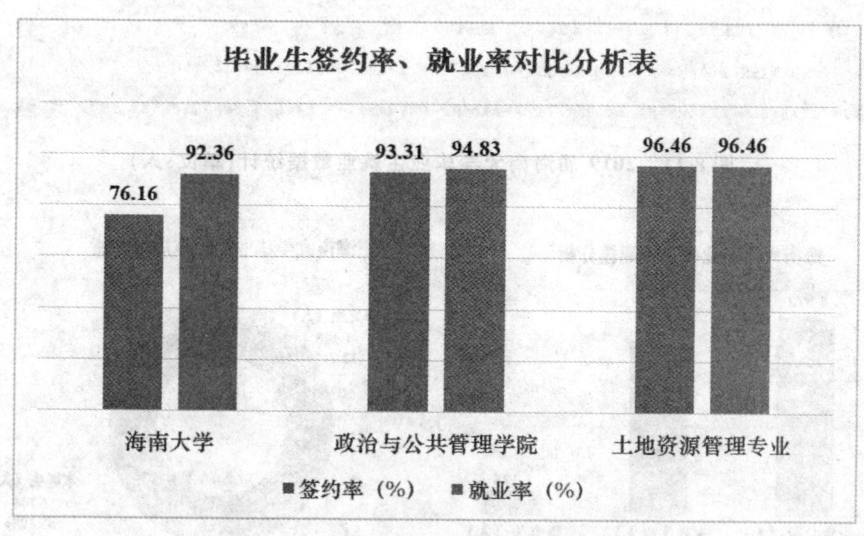

图 8-10　2018 届毕业生签约率、就业率对比

8.1.3　2019 届毕业生就业基本情况

海南大学 2019 届毕业生共 8 872 人,其中本科毕业生 7 744 人,占毕业生总人数的 87.29%;毕业研究生 1 128 人,占毕业生总人数的 12.71%。2019 届毕业生中,签约人数为 6 449 人,签约率为 72.69%,就业人数为 7 943 人,就业率为 89.53%,详情如表 8-3、

图 8-11、图 8-12、图 8-15 所示。

表 8-3　2019 届毕业生就业基本情况表

名称	毕业生总数（人）	本科生（人）	研究生（人）	签约数（人）	签约率（%）	就业数（人）	就业率（%）	升学（人）
海南大学	8 872	7 744	1 128	6 449	72.69	7 943	89.53	1 556
政治与公共管理学院	334	320	14	224	67.07	298	89.22	43
土地资源管理专业	114	114	0	75	65.79	106	92.98	18

2019届就业数据统计

·	毕业人数	签约数	签约率	就业数	就业率	升学	拟升学	自主就业	自主创业	待就业
合	8 872	6 449	72.69%	7 943	89.53%	1 556	19	308	21	910
男	3 844	2 844	73.99%	3 435	89.36%	649	9	92	18	400
女	5 028	3 605	71.7%	4 508	89.66%	907	10	216	3	510

注：签约率统计对象为毕业去向：签就业协议形式就业、签劳动合同形式就业、科研助理、应征义务兵、国家基层项目、地方基层项目、升学、出国出境、自主创业

就业率统计对象为毕业去向：签就业协议形式就业、签劳动合同形式就业、其他录用形式就业、科研助理、应征义务兵、国家基层项目、地方基层项目、自主创业、自由职业、升学、出国、出境

图 8-11　2019 届海南大学毕业生就业数据统计(单位:人)

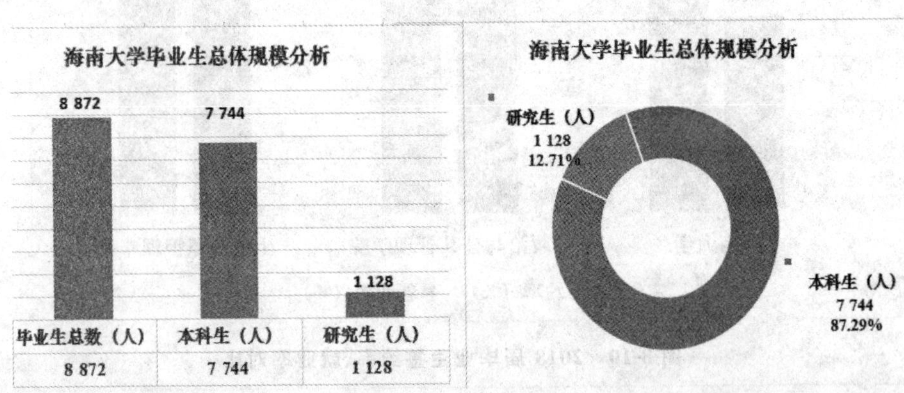

图 8-12　2019 届海南大学毕业生总体规模(单位:人)

政治与公共管理学 2019 届毕业生共 334 人，其中本科毕业生 320 人，占毕业生总人数的 95.18%；毕业研究生 14 人，占毕业生总人数的 4.192%。2019 届毕业生中，签约人数为 224 人，签约率为 67.07%，就业人数为 298 人，就业率为 89.22%，详情如表 8-3、图 8-13、图 8-14、图 8-15 所示。

专业名称	毕业人数	签约数	签约率	就业数	就业率	升学	拟升学	自主就业	自主创业	待就业
土地资源管理（本科）	114	75	65.79%	106	92.98%	18	0	1	0	8
政治学理论（研究生）	12	8	66.67%	11	91.67%	0	0	0	0	1
中共党史（研究生）	2	1	50%	2	100%	0	0	0	0	0
公共关系学（本科）	94	70	74.47%	80	85.11%	11	0	2	0	14
行政管理（本科）	112	70	62.5%	99	88.39%	14	0	1	0	13
合计	334	224	67.07%	298	89.22%	43	0	4	0	36

图 8-13　2019 届海南大学政治与公共管理学院毕业生就业数据统计(单位:人)

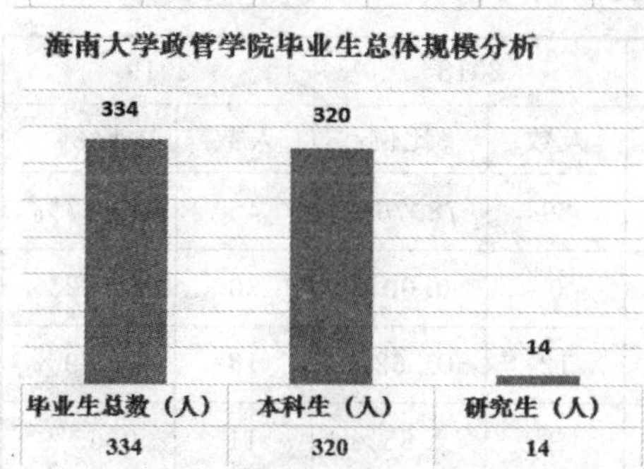

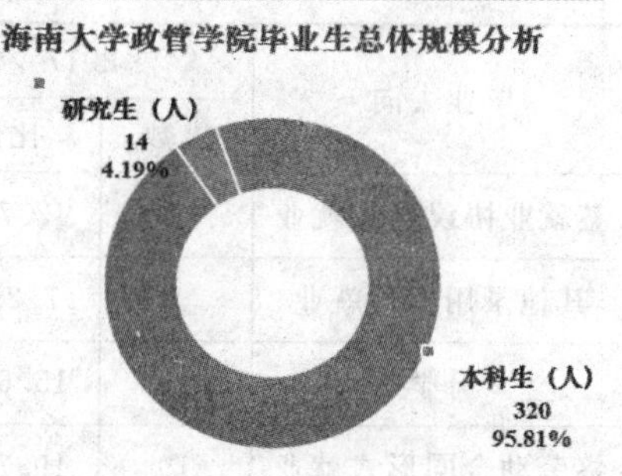

图 8-14　2019 届海南大学政治与公共管理学院毕业生总体规模(单位:人)

土地资源管理专业 2019 届本科毕业生共 113 人，其中签约人数为 75 人，签约率为 65.79%，就业人数为 106 人，就业率为 92.98%。详情如表 8-3、图 8-13、图 8-15 所示。

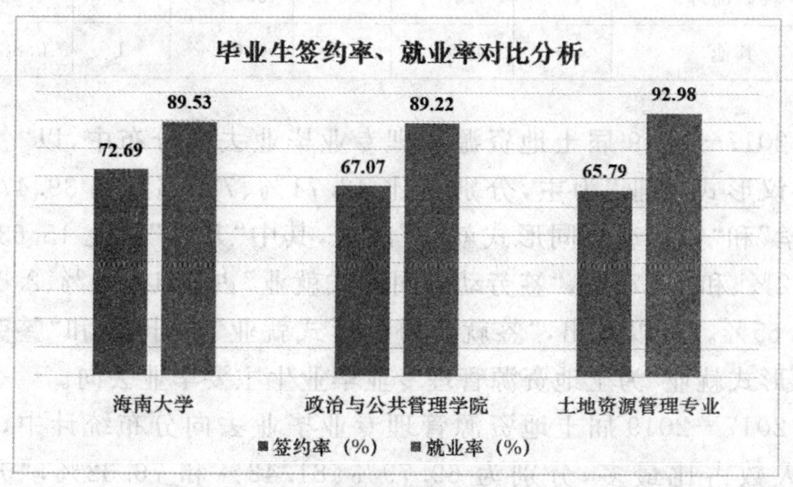

图 8-15　2019 届毕业生签约率、就业率对比

8.2 海南大学土地资源管理专业毕业生就业相关分析

8.2.1 毕业生去向分析

2017—2019 届土地资源管理专业毕业去向分布如表 8-4、图 8-16 所示。

表 8-4 2017—2019 届土地资源管理专业毕业去向分布

毕业去向	2017		2018		2019	
	人数	比例	人数	比例	人数	比例
签就业协议形式就业	41	42.71%	89	78.76%	45	39.47%
其他录用形式就业	7	7.29%	0	0.00%	30	26.32%
升学	15	15.63%	12	10.62%	18	15.79%
签劳动合同形式就业	19	19.79%	3	2.65%	11	9.65%
待就业	13	13.54%	4	3.54%	8	7.02%
出国、出境	1	1.04%	4	3.54%	0	0.00%
自主创业	0	0.00%	1	0.88%	0	0.00%
科研助理	0	0.00%	0	0.00%	1	0.88%
其他	0	0.00%	0	0.00%	1	0.88%

2017—2019 届土地资源管理专业毕业去向分布中，以“签就业协议形式就业”为主，分别占比 42.71%、78.76%和 39.47%，“升学”和“签劳动合同形式就业”次之，其中“升学”占比 15.63%、10.62%、和 15.79%，“签劳动合同形式就业”占比 19.79%、2.65%和 9.65%。可以看出，“签就业协议形式就业”、“升学”和“签劳动合同形式就业”为土地资源管理专业毕业生主要毕业去向。

2017—2019 届土地资源管理专业毕业去向分布统计中，“就业”人数占比最多，分别为 69.79%、81.42%和 76.32%，“升学(含出国)”次之，分别为 16.67%、14.16%和 15.79%。

2017—2019 届土地资源管理专业毕业去向分布统计如表 8-5 所示。

表 8-5 2017—2019 届土地资源管理专业毕业去向分布统计

2017—2019 届土地资源管理专业毕业去向分布统计						
毕业去向	2017		2018		2019	
	人数	比例	人数	比例	人数	比例
升学(含出国)	16	16.67%	16	14.16%	18	15.79%
就业	67	69.79%	92	81.42%	87	76.32%
待就业	13	13.54%	4	3.54%	8	7.02%
其他	0	0.00%	1	0.88%	1	0.88%

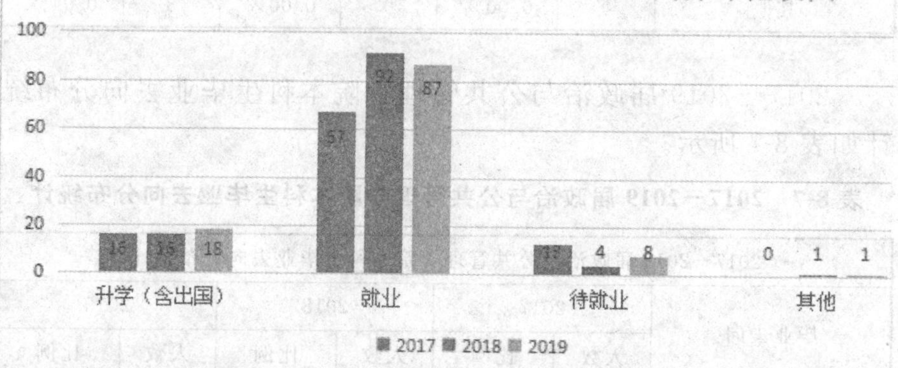

图 8-16 2017—2019 届土地资源管理专业毕业生去向分布图

2017—2019 届政治与公共管理学院毕业去向分布如表 8-6 所示。

表 8-6 2017—2019 届政治与公共管理学院本科毕业去向分布

2017—2019 届政治与公共管理学院本科生毕业去向分布						
毕业去向	2017		2018		2019	
	人数	比例	人数	比例	人数	比例
签就业协议形式就业	157	53.04%	216	68.35%	119	37.19%
其他录用形式就业	17	5.74%	5	1.58%	68	21.25%

续表

2017—2019届政治与公共管理学院本科生毕业去向分布						
毕业去向	2017		2018		2019	
	人数	比例	人数	比例	人数	比例
升学	50	16.89%	37	11.71%	43	13.44%
签劳动合同形式就业	43	14.53%	21	6.65%	40	12.50%
待就业	20	6.76%	17	5.38%	34	10.63%
出国、出境	9	3.04%	16	5.06%	2	0.63%
自主创业	0	0.00%	1	0.32%	0	0.00%
地方基层项目	0	0.00%	1	0.32%	6	1.88%
应征义务兵	0	0.00%	0	0.00%	1	0.31%
国家基层项目	0	0.00%	2	0.63%	1	0.31%
科研助理	0	0.00%	0	0.00%	3	0.94%
其他	0	0.00%	0	0.00%	3	0.94%

2017—2019届政治与公共管理学院本科生毕业去向分布统计如表8-7所示。

表8-7　2017—2019届政治与公共管理学院本科生毕业去向分布统计

2017—2019届政治与公共管理学院本科生毕业去向分布统计						
毕业去向	2017		2018		2019	
	人数	比例	人数	比例	人数	比例
升学(含出国)	59	48.36%	53	55.79%	45	34.35%
就业	43	35.25%	21	22.11%	40	30.53%
待就业	20	16.39%	17	17.89%	35	26.72%
其他	0	0.00%	4	4.21%	11	8.40%

与政治与公共管理学院学院生毕业去向分布情况进行对比，可发现在毕业生毕业“升学”“就业”两个部分中，本专业毕业生人数在学院毕业生人数中所占比重逐年增加，在“待就业”部分中，土地资源管理专业毕业生人数在学院毕业生人数中所占比重呈下降趋势。具体如表8-8、图8-17所示。

表 8-8 2017—2019 届土管系与学院毕业去向分布统计

年份	2017			2018			2019		
	土管系	学院	比重	土管系	学院	比重	土管系	学院	比重
升学（含出国）	16	59	27.12%	16	53	30.19%	18	45	40.00%
就业	67	217	30.88%	92	242	38.02%	87	229	37.99%
待就业	13	20	65.00%	4	17	23.53%	8	35	22.86%
其他	0	0	0.00%	1	4	25.00%	1	11	9.09%

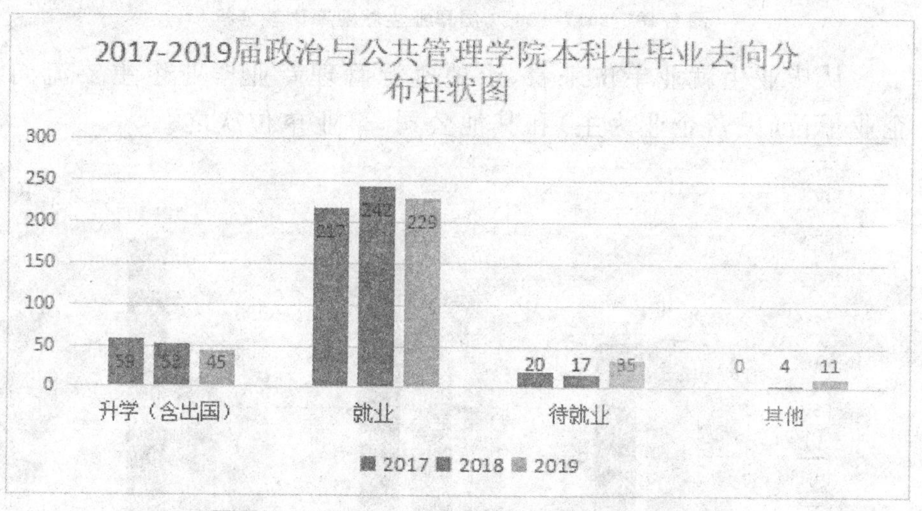

图 8-17 2017—2019 届毕业生去向分布对比图

8.2.2 毕业生就业比较分析

2017—2019 届土地资源管理专业毕业生就业率分别为 86.46%、96.46%和 92.98%，政治与公共管理学院本科毕业生就业率为 93.24%、94.62%和 89.06%，通过对比可以看出，自 2017 年以后，土地资源管理专业毕业生就业率均高于学院毕业生就业率。具体如图 8-18、图 8-19 所示。

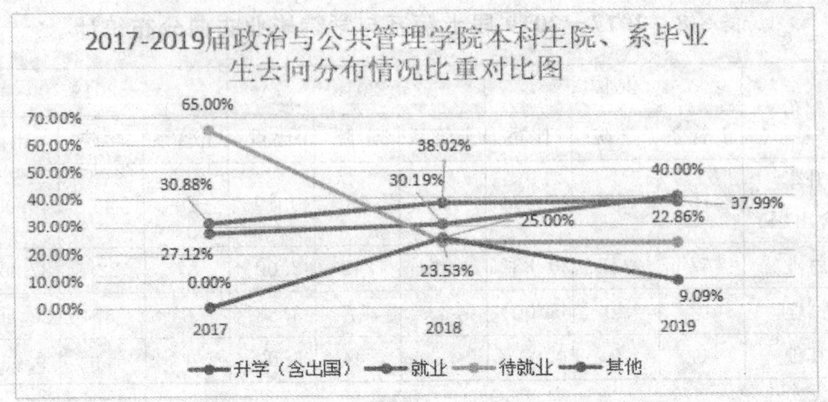

图 8-18　2017—2019 届毕业生就业率比较分析

从毕业生就业单位来看，土地资源管理专业毕业生主要流向企业单位（民营企业为主）和其他公司，事业单位次之。

图 8-19　2017—2019 届土地资源管理专业毕业生就业去向

与政治与公共管理学院毕业生就业去向情况做对比，可以看出流向“企业单位”和“其他公司”的专业毕业生人数在学院毕业生就业人数中所占比重逐年增加，“待就业”人数所占比重逐年递减。具体如表 8-9 所示。

表 8-9 2017—2019 届土管系与学院毕业就业去向统计表

年份	企业			事业单位			其他公司			待就业		
	土管系	学院	比重	土管系	学院	比重	土管系	学院	比重	土管系	学院	比重
2017 年	31	101	0.31	5	14	0.36	31	100	0.31	13	20	0.65
2018 年	39	119	0.33	5	9	0.56	45	114	0.39	4	17	0.24
2019 年	53	150	0.35	2	3	0.67	31	73	0.42	8	31	0.26

8.2.3 毕业生继续深造情况分析

2017—2019 届土地资源管理专业本科毕业生中分别有 16 人、16 人和 18 人选择升学深造，本科毕业生选择升学的毕业生，主要流向了 985 高校，人数稳定保持 8 人不变，其次为 211 高校，人数分别为 5 人、4 人和 7 人，人数今年有所增加，少数同学选择出国或其他方式学习。具体如表 8-10 所示。

表 8-10 2017—2019 届土管系与学院毕业生继续深造情况统计表

土管系	985 高校	211 高校	出国	其他	总计	双一流建设高校
2017 年	8	5	1	2	16	12
2018 年	8	4	4	0	16	12
2019 年	8	7	0	2	18	16
学院	985 高校	211 高校	出国	其他	总计	双一流建设高校
2017 年	23	19	9	8	59	54

续表

土管系	985 高校	211 高校	出国	其他	总计	双一流建设高校
2018 年	23	12	16	2	53	51
2019 年	24	13	2	6	45	40
占比	985 高校	211 高校	出国	其他	总计	双一流建设高校
2017 年	35%	26%	11%	25%	27%	22%
2018 年	35%	33%	25%	0%	30%	24%
2019 年	33%	54%	0%	33%	40%	40%

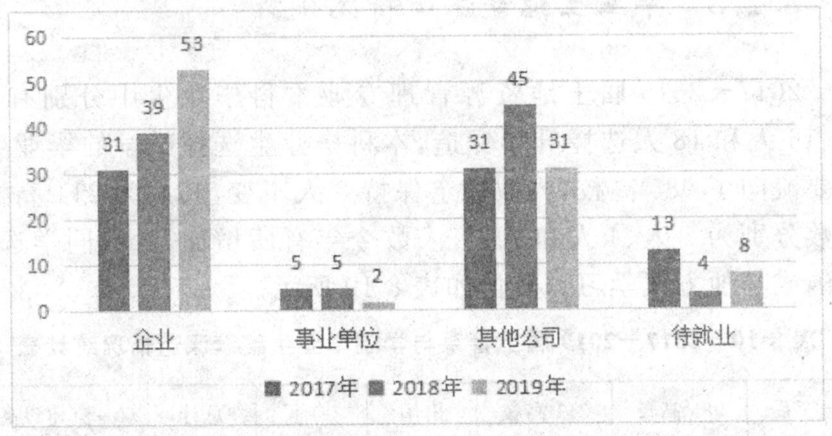

图 8-20　2017—2019 届土地资源管理专业毕业生继续深造统计图

通过土地资源管理系与政治与公共管理学院毕业生升学情况进行对比，可发现土地资源管理专业毕业生升学人数在学院升学总人数中占比为 27%、30%和 40%，所占比重逐年递增。具体如图 8-20、图 8-21、图 8-22、图 8-23、图 8-24 所示。

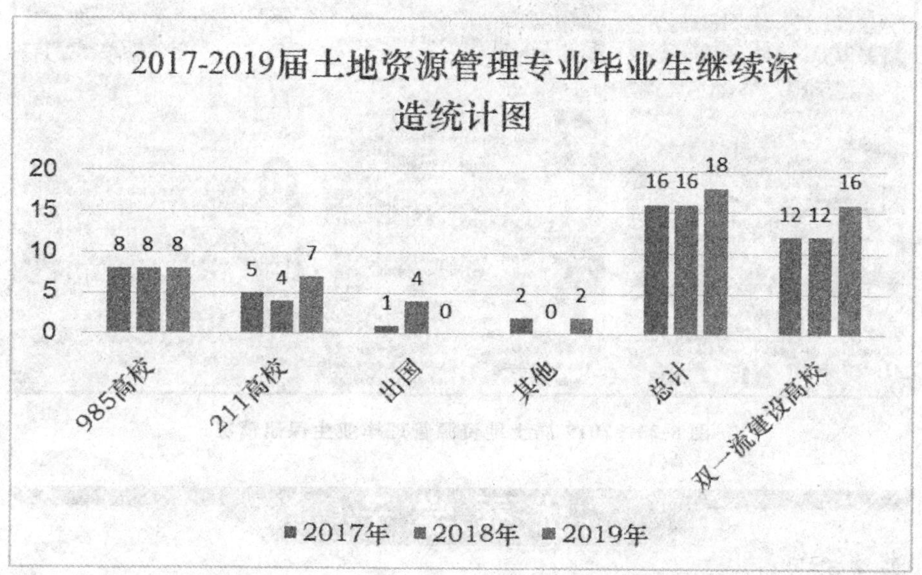

图 8-21 2017—2019 届毕业生继续深造对比统计图

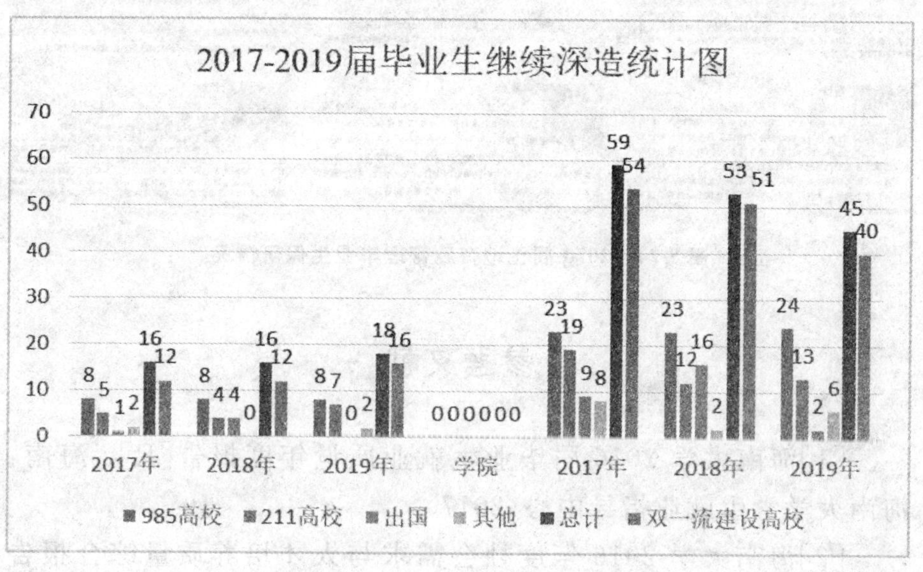

图 8-22 2017—2019 届毕业生保研情况

图 8-23　2019 届土地资源管理毕业生保研情况

图 8-24　2020 届土地资源管理毕业生保研情况

参考文献

[1]海南大学 2016 届毕业生就业质量年度报告[R]. 海南：海南大学学生就业指导中心，2017.

[2]海南大学 2016 年度社会需求与人才培养质量综合报告[R]. 海南：海南大学学生就业指导中心，2017.

[3]海南大学 2017 届毕业生就业质量年度报告[R]. 海南：海南大学学生就业指导中心，2018.

[4]海南大学2017年度社会需求与人才培养质量综合报告[R]. 海南:海南大学学生就业指导中心,2018.

[5]海南大学2018届毕业生就业质量年度报告[R]. 海南:海南大学学生就业指导中心,2019.

[6]海南大学2018年度社会需求与人才培养质量综合报告[R]. 海南:海南大学学生就业指导中心,2019.

附　录

1　关于制定 2019 级本科专业培养方案的指导性意见

海大教〔2019〕45 号

为深入落实新时代全国本科教育工作会议和《加快推进教育现代化实施方案(2019—2022 年)》精神，贯彻执行新时代全国高校本科教育工作会议精神和《教育部关于加快建设高水平本科教育 全面提高人才培养能力的意见》，全面振兴本科教育，提高本科人才培养质量，按照教育部《普通高等学校本科专业类教学质量国家标准》和《普通高等学校本科专业目录(2012 年)》的基本要求，结合《教育部办公厅关于实施一流本科专业“双万计划”的通知》、国家重大战略、区域经济发展以及学校教育事业发展要求，开展 2019 级本科专业培养方案的制定工作。

一、基本原则

(一)“育人为本、德育优先”原则

应以立德树人为根本任务，按照“育人为本、德育优先”的要求，将品德教育贯穿整个培养计划的各个环节。加强社会主义核心价值体系教育、培育和践行社会主义核心价值观。以弘扬爱国主义精神为核心，加强中华优秀传统文化教育，着力培养学生的高尚道德品质和理想人格。

（二）"四个融通"原则

应当贯彻"大学之道与大学之用相融通、通识教育与专业培养相融通、夯实基础与强化实践相融通、学会学习与学会做人相融通"的人才培养理念，构建"横向分段"与"纵向分类"的人才培养体系。

（三）"四个符合"原则

坚持为人之道与为学之道相符合；专业培养目标定位与本专业办学定位及专业特色相符合；专业培养目标与社会对本专业人才知识、能力和素质结构要求相符合；各教学环节、课程设置及结构体系与本专业人才培养目标、基本要求相符合。专业核心课程与主干课程必须符合教育部《普通高等学校本科专业类教学质量国家标准》和《普通高等学校本科专业目录（2012 年）》的要求。

（四）"四个突出"原则

突出学生的主体地位，以学生为主体，紧紧围绕立德树人的中心任务，着力提升本科人才培养质量；突出产出导向，主动对接经济社会发展需求，科学合理设置人才培养目标，优化课程设置，更新教学内容；突出学科基础课程与专业核心课程，确保学生具有扎实的学科基础知识与专业学习能力；突出创新精神与创业能力培养，着力培养学生的自学能力、创新能力和实践动手能力，提高学生社会竞争力。

二、培养目标与培养要求

（1）应当符合学校人才培养总目标，即学校坚持教育以学生为主体，着力提升学生的社会竞争力，培养人格健全、基础宽厚、专业精通，具有国际视野、创新精神、实践能力和社会责任感的栋梁之才，在海南经济特区建设自由贸易试验区和中国特色自由贸易港的伟大事业中发挥重要作用。

(2)应当根据教育部《普通高等学校本科专业类教学质量国家标准》和《普通高等学校本科专业目录(2012 年)》,结合学院办学定位、人才培养定位以及本学科专业发展的实际情况,确定专业(类)的培养目标。

(3)培养要求应当根据上述专业培养目标,分别提出人才培养的"知识要求"、"能力要求"、"素质要求",彼此必须具有很高的契合度,能够体现培养目标的人才培养类型。

(4)培养教学环节、课程体系应当全面体现培养目标与培养要求。核心课程、主要实践性教学环节、主要专业实验等应当符合教育部《普通高等学校本科专业类教学质量国家标准》和《普通高等学校本科专业目录(2012 年)》的明确设置要求。同时,学科基础课、专业课(必修、选修)以及实践教学环节等课程模块应当能够反映培养目标确定的人才培养类型。

三、课程体系

(1)培养方案课程设置由必修课程与选修课程两个部分构成。

必修课程包括:"公共课程""学科基础与专业课程(必修)""实践教学环节"三个模块。其中,"实践教学环节"包括军事技能训练、入学教育、社会实践、课程设计、各类实习(如生产实习、金工实习、毕业实习等)、毕业论文(设计)及其他实践活动。

选修课程包括:"专业选修课程""通识通选课程""创新创业课程""英语拓展课程"四个模块。如果专业涉及海南省重点产业以及《中共中央 国务院关于支持海南全面深化改革开放的指导意见》中提出的主导产业与新兴产业,需增设"专业选修课程(省重点产业)"模块。

(2)设置"第二课堂成绩单学分(原大学生素质拓展学分)"(课外学分),要求和鼓励学生自主参加各种有助于提高自身综合素质的课余活动,并分层次规定相应学分要求。学生参加素质拓展活动可获得相应学分,具体包括:社会实践与志愿服务、学术科技与创新创业、文化艺术与技能发展、社团活动与社会工作四个方面，按大类计学分(具体计分标准和管理办法另行制定)。学生取得 3 学分方可毕业。以学分制引导学生课外活动，扩大并丰富育人的内涵和外延，打造课内课外贯通的育人平台。

(3)专业培养方案中，学生毕业应修总学分，包括课程学分和第二课堂成绩单学分，参照“培养方案学分分配表”执行。

如果教育部《普通高等学校本科专业类教学质量国家标准》对课程学分要求具有明确规定，则按照该规定执行。食品科学与工程、化学工程与工艺等已纳入学校专业认证试点或拟参加专业论证的专业，可按照教育部教指委确定的专业认证标准执行。

(4)专业培养方案的总学分(包括课程学分与第二课堂成绩单学分)控制在规定学分以内。

培养方案学分分配表

类别		理工类	农学类	人文类	社科类
课内	公共课程(必修)	39.5	39.5	39.5	39.5
	学科基础与专业课程(必修)	73.5	68.5	68.5	68.5
	选修课程	30	30	30	30
	小　计	143	138	138	138
课外	实践教学环节(必修)	31	31	26	26
	第二课堂成绩单学分	3	3	3	3
	小计	34	34	29	29
总学分		177	172	167	167

注：以上为四年制专业学分分配表；五年制专业参考以上比例分配，总学分控制在 200 学分以内。

四、学分(学时)计算

(1)理论课教学，每 16 学时计 1 个学分；

(2)单独开设的实验、上机及独立进行的实践性教学，每 32

学时计 1 个学分。

(3)实践教学环节,原则上每周计 1 个学分,理工农类专业不低于 30 学分,人文社会科学类专业不低于 25 学分。《军事技能训练训练》安排 2 周,计 2 学分;《社会实践》课程,分 2 次进行,每次不少于 2 周、计 1 学分,共计 2 学分;毕业论文(设计)不得低于 8 学分。

(4)课内学时的其他教学形式由"类别+学时"构成,类别包括:A-实验,B-上机,C-技法,D-案例教学,E-讨论式,F-研究式学习。鼓励各类专业课程(特别是高年级专业课程)开展探讨式、研究式教学方式改革,增加 E、F 的学时数。

五、课程要求

(1)为贯彻落实《教育部中央军委国防动员部关于印发〈普通高等学校军事课教学大纲〉的通知》(教体艺〔2019〕1 号),2019 级开始增加《军事理论》与《军事技能训练》课程学分。《军事理论》课改为 2 学分,32 学时,采取线上线下混合式教学模式,其中,线下教学不少于 1 学分 16 学时;《军事技能训练》课改为 2 学分,原训练时间不变。

(2)设置"大学生心理健康教育"课程,2 学分,32 学时。课程性质:公共基础课;课程属性:必修;开课单位:学生工作处。人文社科类专业安排在第 1 学期,理工农科类专业安排在第 2 学期。

(3)设置"大学生职业发展与就业指导"课程,1 学分,16 学时。课程性质:公共基础课;课程属性:必修;开课单位:招生与就业处。人文社科类专业安排在第 1 学期,理工农科类专业安排在第二学期。

(4)设置"大学计算机导论",2.5 学分,40 学时(理论 24 学时,上机 16 学时)。课程性质:公共基础课;课程属性:必修。鼓励教师在"素质教育通选课程模块"中开设计算机与网络知识的拓展类课程,供学生自主选修。

(5)设置“新生导学课”,2学分,32学时。课程性质:学科基础课;课程属性:必修;开设学期:第1学期;考核方式:考查或考试;“新生导学课”列入学科基础课程模块。

(6)设置“高年级研讨课”,2学分,32学时;开设学期:第6学期;考核方式:考查或考试。“高年级研讨课”列入专业必修课程模块。

(7)设置创新创业课程,3学分,含理论课和实践课,且单独设置,“创新创业”(理论课)为2学分,32学时;“创新创业实践”为1学分,1—2周。课程性质:创新创业课;课程属性:选修(必选模块)。开设学期:第3—4学期。

(8)设置“通识通选课程”模块,课程包括“人文通识经典课”“科学精神与职业素养类通识课”“体育艺术美学类通识课”,至少修读7学分,列入选修课程(必选模块)。其中,“人文通识经典课”至少修读3学分,48学时;课程性质:人文通识经典课;课程属性:选修。开设学期:第1—3学期。“科学精神与职业素养类通识课”、“体育艺术美学类通识课”至少分别修读2学分,共4学分;课程性质:素质教育通选课;课程属性:选修。开设学期:第2—7学期,学生在每年教务处发布的课程目录中选择。

(9)开设英语拓展课程,至少修读3学分,48学时。课程性质:英语拓展课;课程属性:选修,具体实施方案另行通知。

(10)加强实践教学。根据各学科专业特点,设置多种类型的科研训练、实习实践活动,培养学生的创新精神和实践能力;丰富与专业培养密切相关的就业创业训练,完善就业创业教育培养体系。单独设置的实践教学课程(即必修课模块的“实践教学环节”),理工农类专业不低于30学分,人文社会科学类专业不低于25学分。专业实验(含课内实验、单独设置的实验课)、实践教学合计学分(学时)占课程学分(学时)比例,理工农类专业原则上不低于30%,人文社会科学类专业原则上不低于20%。

(11)专业选修课程应当增加备选课程门数,原则上备选课程学分应超过学生应选学分的50%。

六、辅修专业培养方案

本科专业需制定辅修专业培养方案,开设课程应当是本专业的主干课程。辅修专业设置不低于30学分。具体要求修读的专业主干课程用"★"在培养方案的课程设置表中标注。

2　2019级公共管理类本科培养方案（土地资源管理专业）

一、培养目标

公共管理类专业实行"1.5+2.5"模式进行大类培养,前1.5学年按照大类开展必修课教学,后2.5学年实行专业分开培养。

(一)公共管理专业类培养目标

公共管理类专业旨在培养具有与时代精神相适应的公共管理理念,与创新公共管理相适应的理论素养,与社会需求相适应的专业技能,能胜任党政机关、企事业单位、社会组织和其他公共组织管理工作岗位的复合型、应用型和创新型的多层次公共管理专业人才。

(二)土地资源管理专业培养目标

培养德、智、体全面发展,具备资源学、现代管理学、经济学、测绘学及土地规划的基础理论,掌握土地资源管理和房地产经营与管理方面的专业知识,具有规划、测量、地图制图、地理信息系统、遥感、计算机应用等创新技能,具有科学的思维方法和实践能力,能在国土、城建、农业、房地产以及相关领域从事土地调查与评价、土地利用规划、地籍管理、不动产估价、房地产开发经营、房地产经纪及土地管理政策法规等工作，具有较强实践能力和创新精神的应用型高级专门人才。

二、培养规格

要求掌握公共管理学、管理学、经济学、政治学、法学等方面的基本理论和分析复杂公共事务所需的基础知识，具有广阔的分析视野和知识结构，具有较强的公共管理能力和调查研究能力。

（一）学制与学位

基本学制为4年。实行弹性学制，修业年限不少于3年，最长不超过6年。

学生完成专业培养方案规定的课程，成绩合格，准予毕业。达到规定要求的，授予管理学学士学位。

（二）知识要求

土地资源管理专业要求学生系统掌握管理学、经济学、土地科学等相关专业的基础知识，了解国内外土地科学理论与实践的历史与现状，具备运用现代技术手段进行调查分析和实际操作的能力，具备较强的书面和口头表达能力，熟练掌握一门外语。

毕业生应获得以下几方面的知识。

(1)掌握管理学、经济学与土地科学的基本理论和方法。

(2)熟悉党和国家有关的方针政策和法规。

(3)掌握中外文献检索、资料查询的基本方法。

(4)学习有关土地规划、土地资源评估等相关领域的理论知识。

(三)能力要求

毕业生应形成以下几方面的能力。

(1)掌握现代管理和计算机应用能力。

(2)掌握土地利用规划、计算机制图、土地信息系统应用、房地产估价、房地产投资分析技能。

(3)具有一定的政策研究与实际工作能力。

(4)通过相关实践机会,掌握测绘、遥感现代测量技术。主要专业实验包括地籍测量、土地规划设计、土地估价、土地信息系统等。

(四)素质要求

要求和鼓励学生自主参加各种有助于提高自身综合素质的课余活动,并分层次规定相应学分要求。按社会实践与志愿服务、学术科技与创新创业、文化艺术与技能发展、社团活动与社会工作等方面计学分。

三、主干学科

土地资源管理专业主干学科:公共管理学、土地资源学等。

四、核心课程

大类核心课程:公共管理学、政治学原理、经济学原理、管理学原理、社会调查原理与方法等。

土地资源管理专业核心课程:地籍管理、土地利用规划学、土地管理学、土地信息系统、土地整理规划设计、城市规划原理、土地法学、地图制图学等。

五、主要实践性教学环节(主要专业实验)

测量与地籍测量学实习、城市规划实习、地图制图学实习、土地利用规划实习、房地产估价实习、毕业实习、毕业论文等。

六、第二课堂成绩单学分

第二课堂成绩单是指要求和鼓励学生自主参加各种有助于提高自身综合素质的课余活动，并分层次规定相应学分的一种培养安排。本专业的素质拓展活动主要有：社会实践、志愿服务、学术创新、创业、文化艺术、社团活动、法律援助等。第二课堂成绩单学分不属于课程学分。

七、学分要求

土地资源管理专业（120404）学生毕业所需总学分 165.5 学分，包括课程总学分和第二课堂成绩单学分。

（1）课程学分共计 161.5 学分，其中：课内必修课程 107.5 学分，包括公共课程 38.5 学分，学科基础课程 35 学分，专业必修课程 34 学分。课内选修课程（个性课程）至少 31 学分，包括专业选修课程至少 18 学分；人文通识经典课程至少 3 学分，科学精神与职业素养类通识课程、体育艺术美学类通识课程至少分别修读 2 学分，创新创业课程至少 3 学分，英语拓展课程至少 3 学分。实践教学环节 24 学分。

（2）第二课堂成绩单学分至少 3 学分。

撰写：韦仕川、栾乔林　　审核：黄远飞　　审定：刘德浩

3 公共管理类2019级教学计划表(土地资源管理专业)

一、第一阶段(1—3学期或1—4学期)

必修课程设置表

表一

课程类别	课程代码	课程名称	考核方式	课内学时		课外学时	合计	总学分	开课学期	辅修专业	备注
				讲课	其他						
公共课程	GZZ005	思想道德修养与法律基础	考查	32		16	48	3.0	1		
	GWY121	大学英语Ⅰ	考试	48			48	3.0	1		
	G00011	大学生心理健康教育	考查	32			32	2.0	1		人文社科第1学期;理工农第2学期
	G00010	大学生职业发展与就业指导	考查	16			16	1.0	1		人文社科第1学期;理工农第2学期
	151001	体育Ⅰ	考试	32			32	1.0	1		
	GZZ019	中国近现代史纲要	考查	32		16	48	3.0	2		
	GWY022	大学英语Ⅱ	考试	64			64	4.0	2		
	GJJ027	大学计算机导论	考试	24	B16		40	2.5	2		政管第2学期
	G00002	军事理论	考查	32			32	2.0	2		理工农第1学期;人文社科第2学期

续表

课程类别	课程代码	课程名称	考核方式	课内学时		课外学时	合计	总学分	开课学期	辅修专业	备注
				讲课	其他						
公共课程	151002	体育Ⅱ	考试	32			32	1.0	2		
	GZZ001	马克思主义基本原理	考试	32		16	48	3.0	3		
	GWY122	大学英语Ⅲ	考试	64			64	4.0	3		
	G00001	文献信息检索与利用	考查	16			16	1.0	3		人文社科第3学期;理工农第4学期
	151005	体育Ⅲ	考试	32			32	1.0	3		
	GZZ022	形势与政策	考查	24		24	48	0.0	1—3		
	小计						600	31.5			
学科基础课程	PSK448	新生导学课	考查	32			32	2.0	1		
	PSK131	管理学原理	考试	48			48	3.0	1		
	PSK141	社会学概论	考试	32	A10	G6	48	3.0	1		
	PSK333	管理数学	考试	48			48	3.0	1	★	
	PSK417	法理学	考试	48			48	3.0	2	★	
	PSK341	经济学原理	考试	48			48	3.0	2		
	PSK418	概率与统计	考试	48			48	3.0	2		
	PSK449	公文写作	考试	24	C8		32	2.0	2		
	PSK346	政治学原理	考试	48			48	3.0	2		
	PSK191	社会调查原理与方法	考试	24	A15	G9	48	3.0	3		
	PSK419	土地资源概论	考试	32			32	2.0	3		
	PSK421	公共管理学	考试	48			48	3.0	3		第二专业行管、公关必修
	PSK429	公共政策导论	考试	32			32	2.0	3		第二专业行管、公关必修
	小计						560	35.0			

续表

课程类别	课程代码	课程名称	考核方式	课内学时		课外学时	合计	总学分	开课学期	辅修专业	备注
				讲课	其他						
实践教学环节	S00001	入学教育	考查				1	0.0	1		
	S64001	军事技能训练	考查				2	2.0	1		
	GSJ261	社会实践Ⅰ	考查				2	1.0	3		
	小计						5	3.0			

选修课程设置表

（个性课程）

表二

课程类别		学分要求	修读学期备注
通识通选课程	人文通识经典课程	至少修读3学分，具体课程另行公布。	第1—3学期
	科学精神与职业素养类通识课程、体育艺术美学类通识课程	至少分别修读2学分，具体课程另行公布。	第2—7学期
创新创业课程	至少修读3学分，具体课程另行公布。	第3—4学期	

注：1. 开设的辅修专业课程直接在相应栏处打★。

2. 其他教学形式由“类别＋学时”构成，类别包括：A—实验，B—上机，C—技法，D—案例教学，E—讨论式，F—研究式学习。

二、第二阶段(4—8 学期)

土地资源管理专业课程

必修课程设置表

表三

课程类别	课程代码	课程名称	考核方式	课内学时		课外学时	合计	总学分	开课学期	辅修专业	备注
				讲课	其他						
公共课程	GZZ020	毛泽东思想和中国特色社会主义理论体系概论	考试	64		16	80	5.0	4		
	151006	体育Ⅳ	考试	32			32	1.0	4		
	GZZ022	形势与政策	考查	40		40	80	2.0	4—8		成绩计入第8学期
	小计						192	8.0			
专业必修课程	B26088	自然地理学	考试	24	A8	0	32	2.0	4		
	B26089	会计学原理	考查	32	0		32	2.0	4		
	B26090	土地资源学	考试	24	A+B8		32	2.0	4	★	
	B26111	测量与地籍测量学	考试	28	A+B12		40	2.5	4	★	
	B26092	地图制图学	考试	16	A+B24		40	2.5	4		
	B26028	城市规划原理	考试	24	B+D16		40	2.5	5	★	
	B26055	地籍管理	考试	32	B+D16		48	3.0	5	★	
	B26059	土地经济学	考查	32	0		32	2.0	5	★	
	B26054	土地管理学	考试	24	B+D8		32	2.0	6	★	

续表

课程类别	课程代码	课程名称	考核方式	课内学时		课外学时	合计	总学分	开课学期	辅修专业	备注
				讲课	其他						
专业必修课程	B26061	土地法学	考查	32	0		32	2.0	6	★	
	B26064	土地利用规划学	考查	32	B+D16		48	3.0	6	★	
	B26101	高年级研讨课	考查	32			32	2.0	6		
	B26062	土地整理规划设计	考查	20	B12		32	2.0	7		
	B26112	房地产估价	考试	20	B+D12		32	2.0	7	★	
	B26113	土地信息系统	考查	28	B+D12		40	2.5	7	★	
	小计						544	34.0			
实践教学环节	S26001	自然地理学实习	考查				8	0.5	4		
	S26028	测量与地籍测量学实习	考查				16	1.0	4		
	S26052	土地资源学实习	考查				8	0.5	4		
	S26054	地图制图学实习	考查				8	0.5	4		
	GSJ262	社会实践Ⅱ	考查				16	1.0	5		
	S26053	城市规划实习	考查				8	0.5	5		
	S26056	地籍管理实习	考查				8	0.5	5		
	S26057	土地管理实习	考查				8	0.5	6		
	S26058	课程论文	考查				24	1.5	6		
	S26059	土地利用规划实习	考查				8	0.5	6		
	S26060	房地产估价实习	考查				8	0.5	7		
	S26061	土地信息系统实习	考查				8	0.5	7		
	S26038	毕业实习	考查				80	5.0	7		
	S26039	毕业论文(设计)	考查				128	8.0	8		
	S00002	毕业教育	考查				8	0.0	8		
	小计						344.0	21.0			

选修课程设置表

（个性课程）

表四

课程类别	课程代码	课程名称	考核方式	课内学时		课外学时	合计	总学分	开课学期	辅修专业	备注
				讲课	其他						
专业必修课程	Z26149	建筑概论	考查	24	B8		32	2.0	4	★	至少选2学分
	Z26197	土壤学	考查	20	A+B12		32	2.0	4		
	Z26092	地基与基础	考查	20	12		32	2.0	4		
	Z26093	素描	考查	16	C16		32	2.0	4		至少选2学分
	Z26060	环境经济学	考查	28	E4		32	2.0	4		
	Z26065	土地资源调查	考查	20	B+D12		32	2.0	4		
	Z26221	GPS原理与应用	考查	16	A+B16		32	2.0	5		至少选2学分
	Z26195	城镇发展规划	考查	24	B8		32	2.0	5		
	Z26066	房地产经纪	考查	24	B+D8		32	2.0	5		
	Z26224	地理信息系统	考查	16	A+B16		32	2.0	5		至少选2学分
	Z26202	土地保护学	考查	24	8		32	2.0	5		
	Z26151	遥感技术与应用	考查	20	A+B12		32	2.0	5		
	Z26068	居住区规划与设计	考查	20	B12		32	2.0	5		

续表

<table>
<tr><th rowspan="2">课程类别</th><th rowspan="2">课程代码</th><th rowspan="2">课程名称</th><th rowspan="2">考核方式</th><th colspan="2">课内学时</th><th rowspan="2">课外学时</th><th rowspan="2">合计</th><th rowspan="2">总学分</th><th rowspan="2">开课学期</th><th rowspan="2">辅修专业</th><th rowspan="2">备注</th></tr>
<tr><th>讲课</th><th>其他</th></tr>
<tr><td rowspan="21">专业必修课程</td><td>Z26099</td><td>房地产会计</td><td>考查</td><td>16</td><td>B+D8</td><td></td><td>24</td><td>1.5</td><td>5</td><td></td><td rowspan="5">至少选 4.5 学分</td></tr>
<tr><td>Z26077</td><td>3S 软件应用</td><td>考查</td><td>12</td><td>B12</td><td></td><td>24</td><td>1.5</td><td>5</td><td></td></tr>
<tr><td>Z26103</td><td>资产评估</td><td>考查</td><td>16</td><td>8</td><td></td><td>24</td><td>1.5</td><td>5</td><td></td></tr>
<tr><td>Z26222</td><td>环境质量评价</td><td>考查</td><td>16</td><td>D16</td><td></td><td>32</td><td>2.0</td><td>5</td><td></td></tr>
<tr><td>Z26098</td><td>城市规划实务</td><td>考查</td><td>16</td><td>B+D8</td><td></td><td>24</td><td>1.5</td><td>5</td><td></td></tr>
<tr><td>Z26206</td><td>建筑工程制图</td><td>考查</td><td>18</td><td>D8+G6</td><td></td><td>32</td><td>2.0</td><td>6</td><td></td><td rowspan="5">至少选 1.5 学分</td></tr>
<tr><td>Z26100</td><td>城市工程规划</td><td>考查</td><td>16</td><td>B8</td><td></td><td>24</td><td>1.5</td><td>6</td><td></td></tr>
<tr><td>Z26203</td><td>建筑工程概预算</td><td>考查</td><td>20</td><td>B12</td><td></td><td>32</td><td>2.0</td><td>6</td><td></td></tr>
<tr><td>Z26101</td><td>旅游房地产</td><td>考查</td><td>16</td><td>B+D8</td><td></td><td>24</td><td>1.5</td><td>6</td><td></td></tr>
<tr><td>Z26058</td><td>物业管理</td><td>考查</td><td>16</td><td>D8</td><td></td><td>24</td><td>1.5</td><td>6</td><td></td></tr>
<tr><td>Z26223</td><td>土地政策与模拟仿真</td><td>考查</td><td>16</td><td>A+B16</td><td></td><td>32</td><td>2.0</td><td>6</td><td></td><td rowspan="5">至少选 2 学分</td></tr>
<tr><td>Z26069</td><td>房地产经营管理</td><td>考查</td><td>20</td><td>D12</td><td></td><td>32</td><td>2.0</td><td>6</td><td></td></tr>
<tr><td>Z26196</td><td>人文地理学</td><td>考查</td><td>32</td><td>0</td><td></td><td>32</td><td>2.0</td><td>6</td><td></td></tr>
<tr><td>Z26153</td><td>房地产营销实务</td><td>考查</td><td>20</td><td>D12</td><td></td><td>32</td><td>2.0</td><td>6</td><td></td></tr>
<tr><td>Z26074</td><td>房地产投资项目分析</td><td>考查</td><td>20</td><td>D8+E4</td><td></td><td>32</td><td>2.0</td><td>6</td><td></td></tr>
<tr><td>Z26071</td><td>专业英语</td><td>考查</td><td>32</td><td>0</td><td></td><td>32</td><td>2.0</td><td>7</td><td></td><td rowspan="5">至少选 2 学分</td></tr>
<tr><td>Z26204</td><td>房地产营销与策划</td><td>考查</td><td>16</td><td>B+D12+E4</td><td></td><td>32</td><td>2.0</td><td>7</td><td></td></tr>
<tr><td>Z26073</td><td>土地资源评价</td><td>考查</td><td>20</td><td>12</td><td></td><td>32</td><td>2.0</td><td>7</td><td></td></tr>
<tr><td>Z26104</td><td>土地整理工程概算</td><td>考查</td><td>16</td><td>B+D8</td><td></td><td>24</td><td>1.5</td><td>7</td><td></td></tr>
<tr><td>Z26185</td><td>农田水利工程学</td><td>考查</td><td>20</td><td>B12</td><td></td><td>32</td><td>2.0</td><td>7</td><td></td></tr>
<tr><td colspan="6">小计</td><td>288</td><td>18.0</td><td></td><td></td><td>学生应修最低学分为 18 学分</td></tr>
<tr><td colspan="4">英语拓展课程</td><td colspan="7">至少修读 3 学分，具体课程另行公布</td><td>第 4 学期</td></tr>
</table>

土地资源管理专业学分、学时分配表

表五

<table>
<tr><td colspan="2" rowspan="3">课程类别</td><td colspan="8">各学年计划学分</td><td colspan="4">应修要求</td></tr>
<tr><td colspan="2">第一学年</td><td colspan="2">第二学年</td><td colspan="2">第三学年</td><td colspan="2">第四学年</td><td colspan="2">应修学分</td><td colspan="2">应修学时</td></tr>
<tr><td>1</td><td>2</td><td>3</td><td>4</td><td>5</td><td>6</td><td>7</td><td>8</td><td>总学分</td><td>实验教学(含独立开设与课内实验学分)</td><td>总学时</td><td>实验教学(含独立开设与课内实验学时)</td></tr>
<tr><td rowspan="5">课内</td><td>公共课程</td><td>10.0</td><td>12.5</td><td>9.0</td><td>6.0</td><td>0.0</td><td>0.0</td><td>0.0</td><td>2.0</td><td>39.5</td><td>7.0</td><td>632</td><td>112.0</td></tr>
<tr><td>学科基础课程</td><td>11.0</td><td>14.0</td><td>10.0</td><td>0.0</td><td>0.0</td><td>0.0</td><td>0.0</td><td>0.0</td><td>35.0</td><td>3.0</td><td>560</td><td>48.0</td></tr>
<tr><td>专业必修课程</td><td>0.0</td><td>0.0</td><td>0.0</td><td>11.0</td><td>7.5</td><td>9.0</td><td>6.5</td><td>0.0</td><td>34.0</td><td>9.0</td><td>544</td><td>144.0</td></tr>
<tr><td>小计(必修)</td><td>21.0</td><td>26.5</td><td>19.0</td><td>17.0</td><td>7.5</td><td>9.0</td><td>6.5</td><td>2.0</td><td>108.5</td><td>19.0</td><td>1 736.0</td><td>304.0</td></tr>
<tr><td>个性课程(选修)</td><td colspan="8">专业选修课程至少18学分，人文通识经典课程至少3学分，科学精神与职业素养类通识课程、体育艺术美学类通识课程至少分别修读2学分，创新创业课程至少3学分，英语拓展课程至少3学分。</td><td>31.0</td><td>19.0</td><td>496</td><td>304.0</td></tr>
<tr><td rowspan="2">课外</td><td>实践教学环节</td><td>2.0</td><td>0.0</td><td>1.0</td><td>2.5</td><td>2.0</td><td>2.5</td><td>6.0</td><td>8.0</td><td>24.0</td><td>—</td><td>33周</td><td>—</td></tr>
<tr><td>第二课堂成绩单学分</td><td colspan="8">—</td><td>3.0</td><td>—</td><td>—</td><td>—</td></tr>
<tr><td colspan="10">总　计</td><td>166.5</td><td>38.0</td><td>2 232.0</td><td>608.0</td></tr>
</table>

撰写：韦仕川、栾乔林　　审核：黄远飞　　审定：刘德浩

致谢

特色专业背景下土地资源管理专业建设与发展研究是海南省高等学校教育教学改革研究项目(Hnjg2017－15)、海南大学教育教学研究项目(hdjy1722)课题组研究工作的阶段性成果,本书的完成,不仅仅是我个人努力和奋斗的结果,也凝聚了课题组成员的辛勤汗水,是课题组共同智慧的结晶。

本书的出版首先得益于海南省高等学校教育教学改革研究项目、海南大学教育教学研究项目的资助,海南省公共治理研究中心、海南大学政治与公共管理学院自然资源信息化建设与管理平台的出版支持。在写作过程中得到了海南大学政治与公共管理学院院长李宜钊教授、王默忠书记的鼓励和支持,在此向各位表示深深的敬意和谢意!

在研究和写作过程中,得到了海南大学政治与公共管理学院土地资源管理系主任韦仕川教授、黄朝明教授、王湃博士、赵红亮老师(全国五四劳动奖章获得者)以及土管系其他老师的指导帮助和支持,在此深表感谢。

在书稿修改中,感谢我的爱人王芳副研究员对文稿修改提出了许多建设性意见。

在研究过程中,土地资源管理系九位优秀毕业生做了大量的工作,分别是免试推荐北京大学硕士研究生的段选同学,免试推荐南京大学硕士研究生的刘敏和樊应凭同学,免试推荐武汉大学硕士研究生的陈钰玮、刘松梁和肖广宇同学,免试推荐华中科技大学硕士研究生的龙彤同学,免试推荐华中师范大学硕士研究生的纪旭同学和免试推荐中国地质大学(武汉)硕士研究生的张亚萍同学,在此对各位同学表示感谢!

书稿修改完善阶段，倪晓露（免试推荐华中科技大学硕士研究生）、高等（免试推荐中国地质大学（武汉）硕士研究生）、王源、高中齐、陈若雨、符策玺等土地资源管理系同学参与了大量调研和数据整理工作，在此表示感谢！

感谢我的家人在生活上对我的关心和帮助，正是由于家人提供优质的后勤保障，才使我能够全身心投入写作。感谢我的儿子栾天宇，正是由于他博览群书，激励着我不停地写作，最终完成书稿。

本书在撰写过程中，还参考和引用了一些专家、学者的文献与资料，在此表示衷心的感谢！

栾乔林

2019 年 12 月 28 日

于海南大学